关梦觉

（1913—1990）

著名经济学家

曾任中国人民政治协商会议常务委员会委员、中国民主同盟中央委员会副主席

关山入梦 为民先觉

乙未年春 阎明复

2015年，中共中央书记处原书记、全国政协原副主席阎明复为本书题词

> 经济学海 辛勤耕耘
> 为党为国 鞠躬尽瘁
> 纪念关梦觉教授诞辰90周年
>
> 钱伟长 2002年3月30

2002年,全国政协原副主席、中国民主同盟中央委员会员原副主席、中科院院士钱伟长题词

纪念阎梦觉同志九十岁生日

阎梦觉是我国老一代著名经济学家,是我尊敬的同志和朋友,他一生为宣传马克思主义经济学理论和为中国革命与新中国的马克思经济理论教育作出了重大贡献,我们永远怀念他。

中国人民大学

宋涛 二〇〇二年七月十三日

2002年,著名经济学家、中国人民大学经济学院原院长、博士生导师宋涛题词

書生報國一支筆
肝膽相照六十年

丙申春月下浣 鄭彪敬題

关梦觉的学生，知名学者、研究员，经济学博士郑彪为本书题词

1987年,全国政协会议上,时任国务院副总理万里(前排左四)与关梦觉及民盟中央其他领导合影。前排左起为高天、叶笃义、钱伟长、万里、费孝通、李文宜、关梦觉。后排左起为冯之浚、陶大镛、罗涵先、马大猷、吴修平

1980年,民盟中央领导在谈论工作。从左至右为陶大镛、关梦觉、费孝通、钱伟长

1988年，关梦觉与时任全国人大常委会副委员长、全国政协副主席费孝通在北京合影

1980年8月，关梦觉与时任吉林省委书记王恩茂（左二）、时任东北师范大学副校长张德馨（左三）在长白山合影

1982年8月,关梦觉与来到吉林大学的南京大学校长匡亚明(左三)相互让座

1979年,关梦觉参加大百科全书编辑工作时,与陶大镛(左二)、宋涛(左三)在广东从化温泉合影

1984年，关梦觉（左一）与陶大镛（左二）游览无锡太湖

关梦觉（左一）在1985年吉林省民盟第四次代表大会上发言。左二为时任中共吉林省委副书记王忠禹，左三为时任全国政协副主席费孝通

1988年，关梦觉（左二）在民盟中央大会主席台

1989年10月，关梦觉（左一）在从教50年纪念会上与吉林大学校长伍卓群（左二）合影

▲1952年,关梦觉参加赴朝慰问团。图为慰问团代表与志愿军指战员合影

◀1935年,关梦觉与孙静贞在北平的结婚照

1952年,赴朝慰问团代表关梦觉归国后在学校做报告

1958年7月,关梦觉在长春郊区龙泉村参加抗旱劳动

1978年,关梦觉在长春家中书房工作

1982年，关梦觉在查阅资料

1987年，关梦觉在家中与学生聊天

关梦觉先生的"全家福"。
摄于 1975 年

1983 年,关梦觉在内蒙古参加学术活动时留影

1985年，关梦觉夫妇在吉林丰满水电站

含饴弄孙，其乐融融。1984年，关梦觉与外孙女萌萌在长春家中

2007年6月15日,吉林大学经济学院举行"关梦觉教授铜像揭幕仪式"

2007年6月,时任吉林省副省长李斌在关梦觉教授铜像揭幕仪式上致辞

2007年,关梦觉子女在父亲铜像前合影

2013年12月15日,吉林大学、民盟吉林省委、吉林省政协办公厅联合举办"纪念关梦觉先生诞辰100周年暨学术思想研讨会"。参会者有全国政协副主席陈晓光(左五)、吉林省政协主席黄燕明(左四)、吉林大学党委书记陈德文(左八)、吉林大学校长李元元(左二)、吉林大学副校长王胜今(左九)、民盟吉林省委主委杨安娣(左三)

在2013年12月15日"纪念关梦觉先生诞辰100周年暨学术思想研讨会"上,吉林大学经济学院一些老领导和学生与关梦觉亲属合影

2008年,关梦觉子女关汝华、关劼前往位于长春息园的父母墓地拜祭

關山入夢
為民先覺

经济学家关梦觉纪念文集

关劼 编

群言出版社
QUNYAN PRESS
·北京·

图书在版编目（CIP）数据

关山入梦　为民先觉：经济学家关梦觉纪念文集 / 关劼编 . -- 北京：群言出版社，2017.8
（民盟历史文献）
ISBN 978-7-5193-0323-5

Ⅰ. ①关… Ⅱ. ①关… Ⅲ. ①关梦觉（1913-1990）—纪念文集　Ⅳ. ①K825.31-53

中国版本图书馆CIP数据核字（2017）第214574号

责任编辑：李　群
特约编辑：刘　江
封面设计：逸品书装设计

出版发行　群言出版社
地　　址　北京市东城区东厂胡同北巷1号（100006）
网　　址　www.qypublish.com（官网书城）
电子信箱　qunyancbs@126.com
联系电话　010-65267783　65263836
经　　销　全国新华书店

印　　刷　北京鑫瑞兴印刷有限公司
版　　次　2017年12月第1版　2017年12月第1次印刷
开　　本　880mm×1230mm　1/32
印　　张　5.75　插页18
字　　数　119千字
书　　号　ISBN 978-7-5193-0323-5
定　　价　38.00元

【版权所有，侵权必究】

如有印装质量问题，请与本社发行部联系调换，电话：010-65263836

前　言

中国民主同盟成立于1941年3月,正值抗日民族统一战线遭到国民党独裁统治破坏的危难之际。民盟以贯彻抗日主张、实践民主精神、尊重思想自由、提倡依法治国为政治纲领。民盟凝聚了当时绝大多数进步知识分子和社会精英,可谓群贤毕集。在不同的历史时期,黄炎培、张澜、沈钧儒、杨明轩、闻一多、李公朴、梁漱溟、史良、胡愈之、楚图南、吴晗、费孝通……这些民盟前辈精英们纵横捭阖、开阔放达,本着知识分子的人文良知和社会责任"奔走国是",在政治、经济、军事、外交、教育、社会等领域都提出了明确的纲领和主张,将平等、民主、自由的思想播撒在中国的土地上。

在那苍黄翻覆、陵谷变迁的大时代,在那风云变幻、波澜壮阔的动荡岁月里,历史的浪潮将中国民主同盟,将有志于民族振兴的贤良才俊推上了风口浪尖,他们在改变中国命运的同时,也改变了自己的人生轨迹。他们为历史的进程,为国家富强、民族振兴和民主政治的进步做出了卓越的贡献;他们将自己的荣辱与民族存亡紧紧地联系在一起,为中国的民主、繁荣奋斗了一生,为后人留下了许多宝贵的精神财富;他们关于新民主主义社会的探索,至今仍具有巨大的影响和现实意义。

在和平盛世的今天,为了保存这珍贵的历史财富,为了让后人记住先辈们的独立之精神、自由之思想以及他们为国为民、励精图治的奋斗事迹,我们通过多年的精心准备和积累,出版了《民盟历史文献》丛书,这不仅仅是追忆往昔、缅怀先贤,也不仅仅是为了从学术研究的角度去厘清历史、臧否人物,更重要的是:通过回顾那段曲折的历史,传承民盟与中国共产党肝胆相照、荣辱与共的真挚感情;纪念民盟先贤为新中国做出的巨大贡献;呈现近现代中国社会的嬗变和进步知识分子的爱国情怀;同时也是为了民盟薪火相传、与时俱进的需要;为了让那些隽永传奇的人物和可歌可泣的历史再现后人的眼前。

路漫漫其修远兮,吾将上下而求索。《民盟历史文献》丛书的出版,是对先贤们多党合作历史的尊崇和传承。

《民盟历史文献》编委会

序　言

卫兴华

我所敬佩的著名经济学家关梦觉老先生离开我们已经25年了。群言出版社准备出版《关山入梦　为民先觉——经济学家关梦觉纪念文集》，关老的女儿关劼要我写个序言，我欣然应诺，因为关老是我尊敬的一位有高尚品德的学者。

我是在1985年教育部倡导组建全国高校社会主义经济理论与实践研讨会期间认识关老的。关老于1990年过早地仙逝，相交时间只四五年，但关老宽厚慈祥的长者风度、严谨求真的治学态度、心系国家与人民的担当胸怀，给我留下了深刻印象。特别是他作为老一辈经济学家，发表了不少经济学论著，重在坚持和发展马克思主义经济学，致力于研究我国社会主义经济理论与实践问题。我在从事政治经济学的教学与研究中，曾经常关注和拜读关老的论著，获取教益。

对关老的人品与学品的评述，与关老深交的多位学界老前辈已有评论。打开吉林大学出版社出版的《关梦觉选集》，首先看到钱伟长先生的题词："经济学海辛勤耕耘，为党为国鞠躬尽瘁。"还有宋涛教授的题词："关梦觉是我国老一代著名经济学家，是我尊敬的同志和朋友，他一生为宣传马克思主义经济学理论和为中国革命与新中国的马克思经济理论教育做出了重大贡献，我们永远怀念他。"书中还有与关老相交半个世纪的挚友陶大镛教授写的序言，全面论述了关老的学术成就。其中讲道："关老毕生追求真理，勤奋治学，为坚持和发展马克思主义呕心沥血，为马克思主义经济学在中国的传播和发展做出了卓越的贡献。"在序言的结尾又强调指出："关老在经济学领域，特别是在马克思主义经济学中国化方面给我们留下了极其珍贵的精神财富。他坚持马克思主义基本原理同中国社会经济的具体实际相结合，提出了一系列开拓性的见解，为中国经济问题研究开辟了道路。"

阅读关老的论著，深感他的理论功底深厚。他在许多经济理论问题上都有自己的独到见解，且有理有据，具有说服力。兹举几例：

例一，在经济学中，有"外延的扩大再生产"和"内含的扩大再生产"、"粗放型"扩大生产和"集约型"扩大生产的理论观点。学界不少人认为，外延的扩大再生产是没有技术进步和劳动生产率提高的扩大生产规模，内含的扩大再生产就是通过技术进步提高劳动生产率以扩大生产规模，从而把"外延"等同于"粗放"，"内含"等同于"集约"。关老在1982

年写的《关于再生产理论的几个问题》中提出不同见解。他指出："外延的扩大再生产并不排除技术的进步和劳动生产率的提高。事实上，资本家建立新工厂，总是要尽量采用当时的先进技术。""外延的扩大再生产，并不等于是'粗放的'扩大再生产……外延型扩大，如果是技术密集型的扩大再生产，那也是'集约型'的扩大再生产。"有的学者，把"内含型"与"集约型"相等同，把"外延型"同"粗放型"相等同，便提出使内含的扩大再生产成为主导的生产方式。关老提出不同意见，认为内含和外延"是扩大再生产的两种形式、两个方面。在外延的扩大再生产中，有内含的扩大再生产因素"。我认为，关老的意见是正确的。对此问题，我也发表过论文，说明不能因为在英文中"内含"和"集约"、"外延"和"粗放"是同一词，就将其在概念上相等同。一词多义中外皆然。再者，学者之所以将其混同，是因为没有弄清《资本论》中的一段话，为节省篇幅这里就不具体论证了。特别是理论要结合实际。我国发展经济要建立新的基础设施，创建新兴高科技产业，发展高铁等，这都是外延型扩大生产，但并非粗放型，而是集约型；是外延型扩大，集约型经营。发展经济，应是重在由粗放型发展方式转向集约型方式，而不是排斥外延型扩大再生产，只是不赞同低水平的重复建设。我国每年都有大量新的私营、外资企业和个体工商业增加，这种外延型扩大，是得到支持的。

例二，社会主义商品经济问题，曾是学界长期讨论的一个经济理论问题。从20世纪50年代到80年代前期,在对商品经济认识上,国内曾有多种不同观点,如社会主义非商品经济论、生产资料非商品论或商品外壳论、全民所有制内部消费资料非商品关系论,等等。当时曾流行斯大林的一个理论观点:肯定社会主义存在商品生产与交换,但只限于社会主义全民所有制与集体所有制两种不同所有制之间。关老在1959年《经济研究》第8期发表论文《关于社会主义制度下商品生产的几个争论问题》,提出了自己具有理论和实践意义的独到见解。他不赞同只用社会主义两种公有制形式来说明商品生产存在的依据。他说:按此观点"那就会认为我国一旦实现了全面的社会主义全民所有制以后,商品生产和商品交换就要归于消亡了"。关老是主张全民所有制企业之间也存在商品生产和交换的。他也不赞同有的学者认为在我国社会主义条件下,国营企业发给职工的工资不是货币而是劳动券的观点。关老论证了我国作为工资的人民币,是作为一般等价物的货币。有的学者认为,国营企业卖给职工的消费品不是商品,因为是全民所有制内部的关系,没有所有权的转移。关老指出:国营企业将消费品卖给全民所有制内部的职工,"既是消费品的一种分配形式,又是商品交换……要遵守等价交换的原则,而买卖的结果更使这些消费品从国家所有变成消费者个人所有"。关老特别论证了国营企业之间的商品交换关系:"在国营企业之间相互交换生产资料,从国家来说,是通过交换形式在全民所有制内部实现产品分配；从各个企业来说，则是遵守等价原则的商品交换。因此，这些生产资料也是商品。"

从以上论述中可以看出：关老是国内较早提出社会主义商品经济论的学者。而这一认识成为全国的共识，是源自1984年《中共中央关于经济体制改革的决定》。决定提出：社会主义经济是公有制基础上的有计划的商品经济。学界对关老关于社会主义商品经济论的超前认识，似乎没有给以应有的重视。

例三，关于社会主义经济中价值规律的作用问题。关老在1979年发表于《吉林大学社会科学学报》第3期的《关于价值规律的几个基本理论问题》，是一篇具有理论深度的系统论述价值规律在我国经济体制改革中作用的力作。当时我国还实行计划经济，容易在认识上将计划经济与商品经济和价值规律对立起来，从而否定或忽视价值规律的作用。关老认为，"我们50年代从苏联搬来的那一套经济管理体制，都用条条绳索把企业绑起来……违反了价值规律的本性，使社会主义制度的优越性不能充分发挥"。他还论证了违反价值规律作用所导致的两方面的结果：一是用行政办法管理经济，捆住了企业的手脚，使企业没有独立性和自主权，盈亏与企业的利益没有多大关系，以致生产和消费脱节，产品脱销和积压并存。二是企业经营好坏与职工的个人利益基本上无关，无论怎样，都是拿固定工资，吃大锅饭。他认为，国家计划的制订，"也要考虑价值规律的要求"。他特别提出一个观点:在社会主义制度下,只要自觉地应用价值规律对生产和流通起一定的调节作用,它就不再是"异己的力量";"如果我们忽视或违反了价值规律,或者任其自发地起调节作用,那它也仍然会成为一种异己的力量"。关老把价值规律解读为:其本性就是"追求物质利益、追求利润,是一个物质利益的规律",是一个"无利不起早"的规律。关老对价值规律在我国社会主义经济中所起的作用的观点,也是具有理论超前性的。

在关老的论著中,有关《资本论》的研究和有关中国特色社会主义经济理论的研究,都具有诸多独到见解的理论贡献。

我们纪念关老,不仅缅怀他的高风亮节、行为世范、忠于教育事业的贡献,而且应该珍惜和重视他在经济理论上的诸多建树和贡献。

在此纪念文集中,收录了关老的同事、朋友、学生和子女们对关老的怀念和追忆性文章,从中可以看出关老值得后人学习的人品和学品的高尚和价值。

卫兴华

2015 年 11 月 22 日

于中国人民大学宜园

目录

前言 / 1

序言 / 1

关老:中国共产党的老友、好友和诤友

阎明复 / 1

深切怀念关梦觉先生

钱伟长 / 3

继承先生遗志 学习先生风范

王家瑞 / 4

关老为民盟发展做出了重要贡献

民盟中央办公厅 / 5

关梦觉先生传略

潘 石 / 6

关老:马克思主义经济学中国化的开拓者

陶大镛 / 27

求真求实　勤于实践　勇于创新
——我所认识的关梦觉老先生

卫兴华 / 33

坚定不移的政治信仰，求实创新的科学精神

陈德文 / 38

忆关老——从两张老照片谈起

陈德华 / 42

在经济学广阔领域驰骋奋进的学者

宛　樵 / 47

与国家民族同呼吸共命运的经济学大师
——著名经济学家关梦觉教授的治学报国之路

谢　地 / 69

中秋佳节思亲人——怀念敬爱的关老

靳宝兰 / 87

追思先贤　铭记教诲　以奋余年
——纪念我的老师关梦觉先生

郑　彪 / 91

弘扬马列　风范长存
——深切缅怀吉林大学经济学科重要奠基人关梦觉教授

李俊江 / 101

绝顶凌风追思长——怀念关梦觉先生

杨安娣 / 104

松柏老而健　芝兰清且香——关梦觉先生访谈

张　釜 / 106

你活着,因为你的精神永在

关 今 /114

深切的怀念

关汝晖 关汝华 /116

父亲永远活在我们心中

关彩云 /124

音容常在 思念永存——怀念我的父亲关梦觉

关 劼 /130

怀念我的爷爷关梦觉

关 倩 /141

关梦觉先生主要论著 /146

关梦觉先生诗七首

关梦觉 /149

悼梦觉弟

关守身 /152

怀父诗二首

关汝晖 /153

笑看人生天地宽——怀念父亲关梦觉

关 劼 /155

酹酒滔滔沸三江——悼念关梦觉老先生

刘 江 /156

3

英雄后继应有人——怀念关梦觉先生

郑　彪 / 158

哭关老梦觉同志

王正绪 / 159

道德文章留世间

乔传珏 / 160

伟绩在人间——痛悼关梦觉主委

佟咸亨 / 161

悼关老

蒋端方 / 163

吾侪奋蹄加鞭行

李树科 / 164

编后记 / 165

跋 / 167

关老:中国共产党的老友、好友和诤友

阎明复

一

关梦觉老先生是我国当代著名的经济学家和教育家,也是东北著名的爱国人士。他毕生追求真理,勤严治学,为马克思主义经济学在中国的传播和发展做出了卓越的贡献。

关老是中国共产党的老友、好友、诤友,与党同心同德,为党领导的中国人民解放事业和社会主义建设事业奋斗终生。

我父亲阎宝航、我本人同关老的相知相助已历数年。他在抵抗日本帝国主义侵略以及中国人民解放事业的奋斗中表现出来的崇高精神和高风亮节,永远铭记在我们东北人和全中国人民心中。

当前,全党全军全国人民在中共十八大路线指引下,在以习近平同志为总书记的党中央领导下,团结一致,为实现振兴中华的强国梦努力奋斗。让我们怀念关梦觉先生爱国的一生,学习他锲而不舍的奋斗精神,为实现中国特色社会主义事业的胜利,在各自的岗位上做出应有的贡献。

（摘自阎明复2013年11月为吉林大学举办关梦觉先生百年诞辰纪念大会发去的祝词，标题为编者所加。）

二

关老是我们父辈的老战友、好同志。作为东北籍著名抗日爱国志士，他同我们的前辈阎宝航、高崇民、刘澜波、于毅夫、郭维城、车向忱、卢光绩、王化一、王卓然等积极投身抗日救亡运动；奔走呼号，足迹遍于长城内外。特别是在担任东北救亡总会常委兼宣传部副部长期间，他秉笔疾书，发表抗日檄文于报章杂志，呼唤工农商学兵奋起救亡，为抗战事业做出了令人难忘的贡献。

全国解放后，关老在教育、科研战线上为新中国社会主义革命和建设鞠躬尽瘁，奋斗终生。

吉林大学是关老生前曾经战斗过的地方。贵校为关老立像纪念，意义深远。它将勉励我们永远铭记先辈抗日救亡的功绩，继承他们为祖国献身、为人民服务的不朽精神，为振兴中华不懈奋斗！

（摘自阎明复2007年6月为吉林大学举行关梦觉教授雕塑揭幕仪式发去的贺信。）

（阎明复：中共中央书记处原书记，全国政协原副主席，中共中央统战部原部长。）

深切怀念关梦觉先生

钱伟长

今年是我的老朋友关梦觉副主席95周年华诞并铜像落成,对此我表示衷心祝贺和对他的深切怀念。关梦觉教授是中国民主同盟主要领导者和创建者之一,一生为爱国民主统一战线呕心沥血,贡献卓著。他是著名的经济学家、教育家,胸怀坦荡,待人诚恳,严谨治学,学识渊博。在经济学领域堪称泰斗,桃李满天下。他的业绩和品格风范必将永垂青史,万古流芳。

(摘自全国政协原副主席钱伟长2007年5月26日就关梦觉95周年华诞并铜像落成给吉林大学经济学院的贺信,标题为编者所加。)

经济学海辛勤耕耘,为党为国鞠躬尽瘁。

(钱伟长2002年3月30日为纪念关梦觉教授诞辰90周年题词。)

(钱伟长:全国政协原副主席,民盟中央原副主席,中科院院士,上海大学原校长。)

继承先生遗志　学习先生风范

王家瑞

作为吉林大学校友,我深切缅怀关梦觉先生在马克思主义经济学研究、教育以及坚持和完善中国共产党领导的多党合作和政治协商制度方面做出的重要贡献。希望贵院广大师生继承先生遗志,学习先生风范,不断深化对马克思主义经济学的研究和探索,为完成党的十八届三中全会提出的各项改革目标和任务、实现中华民族伟大复兴的中国梦做出更大贡献。

(摘自王家瑞2013年12月10日就"关梦觉先生诞辰100周年暨学术思想研讨会"给吉林大学经济学院的贺信,标题为编者所加。)

(王家瑞:中共十七届、十八届中央委员,第十二届全国政协副主席。)

关老为民盟发展做出了重要贡献

民盟中央办公厅

适逢民盟中央第五、六届副主席,吉林大学经济学科创始人关梦觉教授95诞辰暨"著名经济学家关梦觉教授铜像揭幕仪式"举行之际,民盟中央谨向关同志和关老的亲属,致以最诚挚的敬意和慰问。

关梦觉同志1945年加入民盟,对民盟有深厚感情。特别是在改革开放民盟恢复组织活动后,在担任两届民盟中央副主席期间,他为民盟的发展做出了重要贡献。他长期从事经济理论和教学工作,潜心研究马克思主义经济学,在本专业领域建树颇丰,受人尊重。

今年是民盟换届年,新一代广大盟员要继承和发扬民盟与中国共产党风雨同舟的光荣传统,积极参政议政,认真履行参政党职能。我们今天缅怀关老,就是要学习他和老一辈盟员坚定的政治信念和严谨的治学态度,用自己的全部热情和聪明才智服务于祖国的发展。

(摘自民盟中央办公厅2007年6月8日给吉林大学经济学院及关梦觉亲属的致敬函,标题为编者所加。)

关梦觉先生传略

潘 石

关梦觉(1913—1990),满族,吉林怀德人。著名经济学家和教育家。第七届全国政协常委,民盟中央第五、六届副主席。1929年入沈阳东北大学经济系,1933年于北平毕业。"九一八"事变后,即投身于抗日救亡运动,曾任北平外交月报社编辑,"东北救亡总会"宣传部副部长,中国工业合作协会(以下简称"工合")晋豫区经济研究所所长,国民参政会经济建设策进会西北区办事处总干事,《秦风工商日报》联合版主笔(社论委员)。解放战争时期,任东北行政委员会社会调查所副所长,嫩江省教育厅厅长。新中国成立后,任民盟东北总支部秘书长,东北人民政府监察委员。1954年9月,调入东北人民大学(现为吉林大学),历任该大学

1952年,关梦觉在沈阳东北民盟工作时留影

经济系主任，经济管理学院名誉院长、教授、博士生导师；吉林省社科联副主席；国务院学位委员会（第一届）经济学科评议组成员；以及中国世界经济学会副会长，中国《资本论》研究会副会长等职。

成长经历

关梦觉1913年1月18日出生于吉林省怀德县（现公主岭市）杨大城子一个普通的满族农民家庭。由于家境贫寒，他七八岁时一直在家放羊。9岁时，哥哥当私塾老师有了一些收入，开始供他上学读书。1929年他16岁时，以优异成绩考取了沈阳东北大学经济系。

1931年"九一八"事变爆发，日本帝国主义占领了沈阳，东北大学被迫迁入北平。此时，关梦觉已是一个热血青年，积极参加东北学生抗日救亡运动。1933年后，他大学毕业不久便进入北平外交月报社任编辑，开始关注国际经济问题，撰写抗日文章。

抗日战争全面爆发后，他于1938年年初到武汉，任"东北救亡总会"宣传部副部长，参与创办其机关刊物《反攻》半月刊。这是东北抗日救亡团体专门揭露日本侵略中国罪

关梦觉先生（摄于1985年）

行的刊物。他在《反攻》半月刊上,先后发表了《东北对日本侵略者的牵制力》《在侵略战中,东北军需资源对日本能够有多大帮助》《抗战中的城市与乡村》《日寇榨取东北经济的新阶段》《论日寇"以战养战"的新阴谋》等文章,着重从经济学角度揭露日本帝国主义的侵华罪行。

1939年5月,关梦觉辗转到重庆,任抗日救亡刊物《时与潮》杂志编辑。这是一本翻译杂志,主要翻译一些有关国际问题的文章。他凭借自己良好的英文,翻译了不少外国进步学者分析日、德两国经济矛盾的文章,如《日趋严重的日本财经危机》《当前德国经济危机》《欧战对日本经济的影响》等。这些文章揭露了德、日法西斯发动侵略战争使自己陷入内外交困境地的真相,有力地鼓舞了中国人民抗击日寇侵略,打败日本帝国主义的决心与信心。此间,他还翻译了苏联著名学者瓦尔加的《两个制度》一书。

特别值得一提的是,他还与当时在沙坪坝的南开大学经济研究所当研究生的我国著名学者陶大镛合译了一本国际问题的"小册子",专门揭露了英国保守党首相张伯伦向希特勒屈膝的绥靖主义。1941年元旦前后,他从陶大镛处借到《资本论》三卷英译本中的第一卷,开始研究马克思的鸿篇巨制《资本论》,从此走上了学习、研究与宣传马克思主义政治经济学的道路。

1941年3月,关梦觉离开时与潮杂志社到河南洛阳,任中国工业合作协会晋豫区经济研究所所长。为了解战时的民生疾苦,他深入到巩县回郭镇西侯村一带进行农村经济调查,撰写了《洛河下游的手工纺织业》一文,约5万字,由"工合"刊印。1942

年春，他又对鲁山的丝绸业进行了调查，写出调研报告《鲁山丝绸业》，在《战地工合》上发表。同年秋天，他对豫西农村的受灾状况进行专题调研，写出《豫西灾区农村状况》一文，在桂林出版的《中国工业》上发表。这些报告与文章，对研究战争时期中国农村经济状况具有非常重要的价值。他在担任中国工业合作协会晋豫区经济研究所所长的同时，还被河南大学聘为经济系副教授，时年仅29岁。此时，他开始运用马克思《资本论》的理论与方法，分析与研究国内外经济问题。他在河南大学讲授政治经济学及商业经济等课程，由于他的课理论紧密联系实际，又能把外国情况介绍进来，且生动活泼，所以深受广大师生欢迎。

1943年1月，关梦觉离开洛阳到西安，任国民参政会经济建设策进会西北区办事处总干事。面对国统区物价飞涨、通货膨胀日益严重，官员腐败的社会现状，他深感经济建设难以"策进"，半年后便离开到陕西省商业专科学校任教授，主讲政治经济学、国际贸易、经济地理三门课程，每周9至12个学时。此外，关梦觉每周还要给学生做课外辅导与专题学术讲座。他把抗日救国思想贯彻于自己的教学与学术讲座之中，以激发学生们的爱国热情。在此期间，他还兼任《秦风工商日报》联合版主笔，每隔一天写一篇关于经济问题和国际问题的社论，分析与揭露国民党统治区经济上腐败、政治上独裁的现象，在西北地区影响越来越大。该报由于反对国民党打内战，主张民主和平，于1946年5月3日被国民党当局查封。关梦觉在国民党特务追踪下离开西安。

1945年，关梦觉加入中国民主同盟。在共产党和民盟组织的帮助下,关梦觉几经周折,躲过特务的追踪,于1946年10月进入东北解放区。先到哈尔滨,由东北行政委员会任命为东北社会调查所副所长,对解放区的社会问题展开调查。不久,他又被派往齐齐哈尔,任嫩江省(后改黑龙江省)教育厅厅长,一直到1950年3月离开为止。在3年多的时间里,他主抓全省的中小学校的恢复与建设问题,撰写了不少教育方面的论文与调查报告,为全省教育工作做出了重要贡献。在此期间,他仍十分关注国际问题与经济学研究。1947年,他翻译了一本揭露第二次世界大战期间美英垄断资本与德、日法西斯相互勾结的著作《第二次世界大战秘录》,1948年由东北新华书店出版,在社会上引起很大反响。1950年3月,他被调到沈阳,任民盟东北总支部秘书长及东北人民政府监察委员。此时,他翻译出版了两部著作:一是英国著名经济学家约翰·伊顿的《政治经济学教程》(五十年代出版社出版),二是《英国经济问题》(世界知识出版社1953年出版)。

1954年9月,关梦觉从沈阳调到长春,任东北人民大学(后改为吉林大学)经济系主任,教授,兼任吉林大学社会科学委员会主任委员,主编《吉林大学社会科学学报》。此外,他还兼任民盟吉林省委员会副主任委员、全国政协委员、吉林省经济学会理事长、吉林省社科联副主席。尽管社会兼职工作繁重,但他始终奋战在教学第一线。从1954年9月到1966年6月这12年间,是他成果卓著的时期。他狠抓基础理论的教学与研究,亲自登台给本科生讲授《政治经济学》《世界经济》《资本论研究》《社会主义经济理论研究》等课程,言传身教,带出了一大批知名经济学家，使吉林大学经济学科在全国保持领先地位。他还在吉林、辽宁、上海等地出版个人专著十多部，在《经济研究》《新建设》《红旗》杂志以及《吉林大学社会科学报》等报刊发表论文近百篇。

"文化大革命"中，关梦觉被扣上"反动学术权威"等帽子，受到迫害。1969年年底，关老被下放到吉林省磐石县农村"劳动改造"。在农村，他除了从事一些力所能及的体力劳动以外，每天还尽可能研阅一些外国文献资料。所以，在1973年春一抽调回学校，他便很快写出《美国跨国公司》一书。这是国内第一本分析与揭露美国通过跨国公司掠夺别国资源，控制别国经济命脉，干涉别国内政的著作。由于当时的社会环境，该书不能个人署名，只能以集体编著的名义由吉林人民出版社于1975年出版。

粉碎"四人帮"之后，尤其是党的十一届三中全会的召开，使关梦觉迎来了第二个学术春天。1978年至1979年，他应许涤新之邀参加了《政治经济学辞典》的审稿定稿工作，又应钱俊瑞之邀参加《世界经济概论》的编撰及定稿工作。在此期间，他在《吉林日报》(1978年2月23日)发表长文《试论政治与经济的关系》，批判了"四人帮"篡改政治与经济关系的谬论；同年(1978年10月3日)又在《吉林日报》发表长文《实践是检验经济理论和经济政策的唯一标准》。此后，他又撰写了大量文章，旗帜鲜明地拥护中共十一届三中全会确定的理论、方针、路线及政策，拥护改革开放。

1990年1月26日，关梦觉在长春病逝，享年77岁。

从1980年到1990年年初是关梦觉一生中最辉煌的10年，也是其科学研究大丰收的10年。在这期间，他成为经济学一级教授,除发表大量研究成果外,还作为吉林省政府的特别顾问,经常为省市领导决策提供咨询建议,为发展与振兴地方经济做出了重要贡献。

主要研究领域和学术成就

一、抗战时期经济研究及其贡献

(一)揭露日寇侵略与掠夺的行径

在战区,土地根本不能耕种,农民流离失所;"农民被敌人有计划地大批屠杀,甚至龙钟老人和孩提幼童,亦不能幸免";在沦陷区,"敌人在各地大量征收苛捐杂税,例如在绥东,苛捐杂税的繁多,真是不可胜数,单牲畜一项,马每头按月上税8角,骡子每头上税5角。在山西的雁门,苛捐杂税三四十种"。"敌人对原料的搜刮也不遗余力";"对于各地手工业的破坏,更是无所不用其极";"对于人力的掠夺,如抽壮丁、强迫劳役等等,那更是无法计算了";在后方,劳力缺乏,"田原荒芜","生产手段的破坏与减少,也成了严重的问题"。

(二)指出抗战时期农村经济的新生命

他认为:"帝国主义封建势力的削弱,统治性与计划性的加强,不能不促进中国农村经济向自力更生的现代化途径发展",一是"表现在资金归农运动上面";二是"新农业生产方式和运销方式,已经开始萌芽";三是"垦荒运动积极展开";四是"农村手工业合作运动兴起"。"所有以上这些新生命活力……如能加以

12

保护和培养,将在明天的中国农村经济上,放出来灿烂的鲜花。"

(三)剖析日寇榨取东北经济的新阶段

关梦觉剖析了所谓"日伪物资动员一元化"及"日伪资金的一元化",实质就是"日满一元化"。日寇推行"以战养战"阴谋的主要内容有四:一是乱发毫无价值的伪钞,用以夺取我外汇,破坏我金融;二是加强对我资源与产业的掠夺;三是仇货的倾销与关税的掠夺;四是苛捐杂税的掠夺。他提出为了抗战胜利,必须粉碎日寇"以战养战"之阴谋。

(四)对河南土布业及陕西纺织业进行调查研究

1941年,关梦觉对国民党统治的河南土布业进行了几个月的专题调研,以翔实的第一手资料证明:由于国民党政府对土布的统制,"无论从数量方面或从品质方面来看,土布业都已经走到了死亡线上,依靠土布业为生的人民也走到了死亡线上,他们'逃荒',他们破产,他们忍饥挨饿,他们鬻子卖妻——试仔细听听:土布业崩溃的背面,真是血泪交流,哭声遍野!"

1943年,关梦觉在西安工作期间,又对陕西省纺织业的危机状况作了调研,明确指出:"目前陕西省纺织工业,已至危急存亡之秋。其主要症结:一曰原料缺乏;二曰限价与管制未尽合理;三曰捐税繁重;四曰资金困难。"针对上述症结,他提出了解决之对策。

二、社会主义经济理论研究及其贡献

(一)关于社会主义的生产力与生产关系问题

1. 提出社会主义生产关系"二层次论"。马克思、恩格斯关于生产关系的定义是"四环节说",斯大林认为生产关系包括三个方面,即生产资料所有制形式、人们在生产中的地位及其相互关系和产品分配方式。关梦觉认为,对生产关系的认识不能到此止步,而应不断发展。"根据我国的经验,大体上可以把社会主义生产关系分为两个层次。第一个层次是基本的生产关系,它构成社会主义制度的主线,反映社会主义经济的本质,决定它的性质,是社会主义不可动摇的经济基础。第二个层次是社会主义的一些具体生产关系,即我们通常所说的经济体制,它主要包括社会主义经济的经营管理制度,支配着社会主义经济的运行。"他强调这两个层次是矛盾统一的关系,是不可分割的整体,但社会主义经济改革是改革具体生产关系,即改革经济体制,而不是改变基本经济制度。这为中国经济体制改革坚持社会主义方向提供了可靠的理论依据。

2. 提出"先进的社会主义生产关系与落后的社会生产力之间的矛盾"说。在中共第八次全国代表大会召开之前,关梦觉在1956年第7期《新建设》杂志上发表《关于高级农业生产合作社的生产力与生产关系问题》,明确提出了"高级的社会主义生产关系是先进的",而"其生产力却相对落后"的观点。这在当时被认为是"离经叛道"的。不久,中共第八次全国代表大会召开了,这

1935年关梦觉夫妇在北平留影

次大会的政治报告决议明确指出：在我国所有制社会主义改造基本完成以后，国内的主要矛盾已经是人民对于经济文化迅速发展的需要同当前经济文化不能满足人民需要的状况之间的矛盾，这一矛盾的实质，在我国的社会主义制度已经建立的情况下，也就是"先进的社会主义制度同落后的社会主义生产力之间的矛盾"。在"八大"精神鼓舞下，关梦觉信心倍增，睿智激发，接连写出《历史唯物主义原理与我国高级农业生产合作社的现实》《论先进的社会主义生产关系与落后的社会生产力之间的矛盾》两篇重要论文，分别在《经济研究》1957年第1期和《新建设》1957年第2期上发表。两篇论文根据"八大"会议精神，着重对先进的社会主义生产关系与落后的社会生产力之间矛盾的性质、特点和作用等重大理论作了透彻的分析与阐述，既表现了其理论创新精神，又反映出其严谨求实的科学态度。

3. 对斯大林表述的"生产关系一定要适合生产力性质的规律"提出商榷和质疑。关梦觉认为，实现四个现代化的主题和出发点是发展生产力，而不是首先变革生产关系，所以"用生产关系一定要适合生产力性质的规律来解释四个现代化，可以说是文不对题"。他强调指出：斯大林对这个规律的表述是有片面性的，那就是"只强调变革生产关系这一面，而把生产力却放在被'适应'的消极地位，没有从正面阐述生产力对生产关系的决定作用"，因此，他主张"在这个规律表述上，加上'生产力决定生产关系'一句"就更科学了。

(二)关于商品生产和价值规律问题

新中国成立以来，我国经济学界对社会主义制度下商品生产与价值规律的研讨几乎没有间断过,但大的讨论有两次:一是1959年上海经济理论讨论会前后是一个高潮;二是1979年4月在无锡召开的价值规律讨论会的前后。这两次大讨论,关梦觉都积极撰文参加,并且发表了堪称为一派的独到见解:

1. 社会主义制度下商品生产和商品交换存在原因"二元论"。在社会主义制度下,我国还要不要发展商品生产和商品交换?商品生产和商品交换存在的原因和依据是什么?在20世纪50年代末,我国经济学界曾就此展开过一场大讨论。在讨论中,占据主流的观点是"一元论",即认为社会主义制度下商品生产与商品交换存在的原因,是由于我国存在全民所有制与集体所有制两种所有制形式。关梦觉旗帜鲜明地提出商品生产与商品交换存在原因"二元论"。他不仅从生产关系方面分析了两种所有制并存是我国存在商品生产和商品交换的原因之一,而且还从生产力方面分析了生产力发展水平这个因素的决定性作用。他说:"如果只用两种所有制的并存来解释商品生产和商品交换存在的原因,那就必然会得出这样的结论,即一旦由目前人民公社的集体所有制过渡到全面的社会主义的全民所有制,那么,商品生产和商品交换就要跟着消亡了。这个结论不但被证明与事实不符,而且对于目前我们发展商品生产和商品交换也会起泄气的作用。"

2. 主张"广义商品"论。受斯大林理论的影响,我国经济学界有一派同志承认国有企业卖给职工的消费资料是商品,而不承认国有企业互相交换的生产资料也是商品。按照斯大林给商品所下的定义,认为所有权转移是商品交换的决定性条件,全民所有制的国有企业互相交换的生产资料是同一所有制内部交换，不存在所有权转移问题，所以不能认为其为商品。关梦觉则认为，斯大林的定义是狭义的商品定义，即私有制下的商品定义，社会主义社会应采用马克思广义的商品定义。他明确指出："广义的商品定义，适用于私有制下面的商品，也适用于社会主义制度下面的各种商品，或者说，它是从各种生产方式的商品交换中抽出来的，因为它表明了商品的共性。至于所有权转移这一点，乃是历史与某些商品交换的一种特性，而非商品的共性。"

3. 提出著名的价值规律"二重作用"论。关梦觉认为，凡是存在商品经济的地方，价值规律就一定要发生作用，这是客观的，不以人们的主观意志为转移的。离开周围条件，单就这种作用本身来说，无所谓积极作用和消极作用。但是，就价值规律作用后果对于人们的关系来说，对于社会主义建设的关系来说，则可以区分为积极与消极两重作用。他强调说："这种区分，既不是纯客观的，也不是纯主观的，而是主观与客观相互结合的，它表现了主观同客观（规律）的关系。"他运用"水能载舟，亦能覆舟"生动形象地说明价值规律的二重作用。就水本身来说，载舟覆舟，一视同仁，客观地强制发生作用；但就对人的关系来说，"载舟"是积极作用，"覆舟"是消极作用。他强调这种区分具有特别重要的意义，那就是为了更好地利用其积极作用，限制其消极作用，使它更好地为社会主义建设服务。

4. 关于价值规律的"自觉利用"论。1979年4月，在无锡召开的价值规律问题讨论会上，关梦觉作了《关于价值规律的几个基本理论问题》的发言，不仅重申了20年前的基本观点，而且特别提出对价值规律的"主动自觉利用问题"。针对一些同志认为,价值规律既然是一种规律,总是自发或自动地起作用,何来"自觉"？关梦觉认为,由于我们能够在科学计划指导下自觉利用它,就有可能使它从"异己的力量"变为"非异己的力量"。至于所谓"自觉",绝不是说规律本身有什么"自觉性",而是指人们可以自觉改变其产生消极作用的条件,从而限制其消极作用。这种观点,无疑是对"人们在规律面前永远是奴隶"的否定,是一种充满唯物辩证精神的主动积极、有所作为的理性认识。

5. 主张按照价值规律的本性要求,进行经济体制改革。把价值规律本性归结为追求物质利益,追求利润,是一个物质利益规律,这是关梦觉教授的一个创见。他认为这一本性无论在资本主义制度下或社会主义制度下都不能改变,只是其表现形式、作用方向和后果不同。因此,在社会主义社会里,价值规律的作用是与国家集体和劳动者个人的物质利益紧密相连的。正是基于此,关梦觉主张：中国在进行经济体制改革时,要按照价值规律本性的要求,把国家、企业和劳动者的物质利益关系处理好,尤其要使企业与劳动者的个人物质利益联系起来。只有这样,才能在物质利益基础上保证经济体制改革获得成功。

(三)社会主义扩大再生产问题

1. 提出社会主义扩大再生产"三种类型"说。马克思认为：扩大再生产有两种类型,即外延扩大再生产与内涵扩大再生产。"如果生产场所扩大了,就是在外延上扩大；如果生产资料效率提高了,就是在内涵量上扩大"。

关梦觉在分析上述两种扩大再生产基础上,结合我国社会主义建设实际,创造性地提出三种类型的扩大再生产:一是外延的扩大再生产,包括投资建设新的企业和基础设施;增加投资对现有企业进行技术改造和设备更新;二是内涵的扩大再生产,包括用折旧基金对企业进行技术改造,改革企业经营管理方式,调动职工的积极性,挖掘企业的潜力;三是内涵与外延相结合的扩大再生产,这是从前两种类型中派生出来的一种扩大再生产类型,它是以现有企业为基础,一方面挖掘它们的潜力,另一方面又追加一部分新投资对它们进行技术改造和设备更新,通过这两方面来扩大生产规模。关梦觉强调上述三种类型扩大再生产应当配合起来,形成一个有机整体,不能只强调一种类型而否定其他一种或两种类型。这种扩大再生产"三种类型"说,不仅在理论上颇有新意,而且对搞好社会主义扩大再生产具有重要实际价值与意义。

2. 提出"社会主义生产关系扩大再生产"说。社会主义再生产过程,不仅仅是物质资料的再生产,同时也是社会主义生产关系的再生产过程。关梦觉认为:"社会主义生产关系的再生产和扩大再生产包括两方面的内容:一是坚持社会主义道路,维护社会主义生产关系,沿着社会主义方向前进;二是通过改革使社会主义生产关系不断完善,容许并促进生产力蓬勃发展。"提出"社会主义生产关系扩大再生产"说,无疑对深化改革,完善与发展社会主义经济制度有着重大指导意义。

(四)关于经济体制改革问题

关梦觉亲历了我国改革开放第一个10年,这是经济体制改革起步与"摸着石头过河"的艰难探索阶段。已近古稀之年的

关梦觉夫妇 1985 年在北京

他,仍十分认真地学习新理论、新知识,奋力探索经济体制改革中出现的种种新问题,提出不少真知灼见,至今仍闪烁着智慧之光。

1. 股份制性质:"混合所有制"论。关梦觉是赞成实行股份制改革的,但对于把股份制说成社会主义"新型公有制"的观点却是坚决反对的。他认为:"全民、集体、私人和外资互相参股所形成的联合股份企业,是一种混合所有制,其具体性质要按占主导地位的股份的性质来确定。如果是全民的股份占主导地位,那就是以全民为主体的混合所有制,属于全民所有制经济范畴。如果集体的股份占主导地位,那就是以集体为主的混合所有制,属于集体经济范畴。如果私人股份占主导地位,那就是以私营经济成分为主的混合所有制,属于私有制经济的范畴。如果外资股份占主导地位,就是以外资为主的混合所有制,属于国家资本主义经济的范畴。"今天看来，20多年前提出上述见解，还是难能可贵的。

2. 国企改革利润分割"三头"论。在国有企业扩大自主权改革中，有一种意见认为，企业应拥有完全的自主权，企业利润应全部归企业所有。关梦觉不赞成这种做法。他认为，国有企业的自主权是经营自主权，而不是所有权，企业所有权仍为国家，所以企业利润的分割必须坚持"国家得大头，企业得中头，个人得小头"原则。他还提出：国家大头占65%、企业中头占25%、个人小头占10%，并认为这个比例"并不是固定不变的"。他强调："国家的大头，归根结底也是为全国人民谋福利的。尽管如此，大头也不宜太大，要兼顾企业和职工的眼前利益，以调动他们建设社会主义的积极性。"

三、世界经济研究及其贡献

从1936年担任北平《外交月报》编辑到1990年1月病逝的50多年时间里，关梦觉对世界经济问题的关注及研究始终没有中断。新中国成立前，他不仅翻译了大量外国经济与军事方面的书籍和文章，而且撰写了不少关于外国经济问题的评论。新中国成立后，他对世界经济的研究更是深入和集中，主要是研究战后美国经济危机（20世纪60年代）、美国跨国公司（20世纪70年代）以及战后国家垄断资本主义新变化（20世纪80年代），成果及其贡献也令人瞩目。

（一）战后美国经济危机"周期缩短"问题

继1957—1958年经济危机之后，从1960年2月起美国爆发了战后第四次经济危机。这次危机无论在生产下降、生产能力过剩方面,还是在失业增加、企业破产方面,都比前次更严重、更深刻。关梦觉运用大量实际资料证明:战后美国发生的第四次经济危机"之前不但没有什么'繁荣',而且根本就没有从上次危机中完全恢复过来","这表明美国战后的经济周期是越来越缩短了";其原因在于"战后美国固定资本更新过程的变化"。战后美国固定资本大规模增加,尤其是以扩军备战和经济军事化为中心的国家垄断资本主义的发展,已经破坏或打乱了固定资本更新周期,使生产能力的畸形增长与有支付能力的需求之间的矛盾更加尖锐化,从而使危机更加频繁,周期缩短。读了关梦觉20世纪60年代初发表的论文,再审视当今美国的现实,人们不难看出:当今美国似乎正在重演"昨天的故事"。

(二)国家垄断资本主义:垄断资本主义生产关系的社会化形式

关梦觉在与池元吉、赵凤彬合写的《国家垄断资本主义与资本主义生产关系的变化》一文中认为,国家垄断资本和私人垄断资本一样,是帝国主义的一个基本范畴,是垄断资本主义生产关系的社会化形式。它像马克思所讲的那样,"是资本主义生产方式在资本主义生产方式本身范围内的扬弃";不仅扬弃了资本家的个人私有制,也扬弃了资本家的集团私有制。确立了"总资本家"私有制,使得资本主义生产关系适应并促进了社会生产力的发展,出现战后资本主义世界经济的大"繁荣"。正如关梦觉所指出的那样,这种生产关系的变化并未改变其性质,并没有消除资本主义基本矛盾,因而经济危机照样还会发生。当今,以美国为代表的资本主义世界正陷入战后以来最严重的金融经济危机，就是最有力的证明。

（三）"停滞膨胀"——当代资本主义新痼疾评说

生产停滞同时伴以严重通货膨胀，是20世纪70年代初资本主义世界经济发展中出现的一个新现象。关梦觉以敏锐的眼光及深邃的理论洞察力，捕捉到这一现象。先是写出《"停滞膨胀"与当前资本主义的经济危机》一文，发表在香港《经济导报》创刊35周年纪念特大号上，后又在1981年12月全国政协会上与香港《文汇报》记者刘诚的谈话中讨论到资本主义经济的停滞膨胀问题。回到长春后，应《红旗》杂志之约，他精心撰写出《帝国主义经济的新痼疾——"停滞膨胀"》一文，发表于《红旗》杂志1982年第4期上，引起学界广泛关注。

他在文中分析了第二次世界大战后70年代以来资本主义世界经济深陷"停滞膨胀"泥潭的种种表现，生产停滞与通货膨胀交织并发、互相融合、互相钳制，此起彼伏，恶性循环，已成为帝国主义经济的难以医治的痼疾。

他从理论上剖析了"停滞膨胀"的实质及其产生原因并指出："停滞膨胀"是资本主义基本矛盾在经济上的一种新的特殊表现形式。为了缓和这个激化的基本矛盾采取凯恩斯主义政策，扩大有效需求，则又加剧了通货膨胀；而为了抑制通货膨胀的货币主义政策又加重了生产停滞。这使资本主义经济深陷泥潭，不可自拔，无可奈何。

除了上述主要理论成果及学术贡献外，他还对陈云经济思想进行了系统深入的研究，主要成果体现在《陈云同志的经济思想》(上海知识出版社1984年)一书中。该书对陈云同志关于建设规模要和国力相适应的思想；关于保持财政信贷平衡，防止通货膨胀的思想；关于按比例是规律，"一要吃饭、二要建设"，发展多种经济形式等思想，从经济学角度给予科学论证。他指出，陈云同志上述思想结合中国实际创造性地发展了马克思主义，不仅是毛泽东思想的一个重要组成部分，而且是构成建设中国特色社会主义理论体系的重要内容。

治学态度与人格风范

关梦觉在治学生涯中始终不渝地坚持三条：一是坚持四项基本原则。他在学习《邓小平文选》札记中说："坚持四项基本原则，是建设有中国特色的社会主义的总的指导思想，离开四项基本原则，社会主义建设必然走到邪路上去。"临终前，还专门撰文《坚持四项基本原则新论》(《经济纵横》1989年第10期)。他不仅是这么说的，更是这么做的。纵观新中国成立以来，他发表的所有著作、论文、各种访谈及各种学术报告，没有一点是违背四项基本原则的。有人认为，四项基本原则妨碍科学进步与理论创新，妨碍学术自由等，关梦觉一直不赞成这种观点。他认为，作为学者如果不坚持马列主义毛泽东思想，必然走到邪路上去，或掉到资产阶级自由化的泥坑里去。他经常用上述思想影响周边的教师，并用自己的切身体会去教育与指导研究生；二是坚持解放思想，实事求是，从实际出发，敢于创新，敢于提出自己的独立见解。他认为，没有这一条，就会思想僵化，理论保守，成果自然陈旧。他有两句口头禅:"科学研究不能人云亦云,搞'拼盘',炒'冷饭'","写文章要出新出彩。"他不仅鼓励青年人大胆创新,而且身体力行。他每写一篇论文或撰一部书稿,都力图提出新观点或推出新内容,为此常请身边的教师或科研助手帮他提炼与斟酌新观点;三是治学严谨,文风端正,从不盲目跟"风"。不管什么"风"吹来,他都坚持马列主义不动摇。尤其是,他为坚持真理,敢讲真话、实话。在1986年9月成都召开的全国高校中国社会主义经济理论与实践研讨会上,他在《有关"七五"计划中的几个重大理论问题》的报告中,直接对国家制订的"七五"计划关于"把改革放在首位"的观点提出异议,指出:"我国当前的基本任务是搞四化建设,改革是推动建设、保证建设的手段,把改革放在建设上头,岂非喧宾夺主?从理论上说,改革是生产关系和上层建筑的一场革命,建设则是发展社会生产力。把改革放在首位就是把革命放在首位,把发展社会生产力放在第二位,这在理论上是本末倒置的。"这铮铮之言,掷地有声。后来,邓小平同志关于社会主义的根本任务是发展生产力,改革是为了解放和发展社会生产力等论述公开发表,证明了关梦觉坚持的观点是有道理的。

关梦觉还是教书育人的典范。在吉林大学经济系主任岗位上,他从不认为自己是一个"官",而是始终努力做一个学术带头人。他一心扑在教书育人事业上,十分关心中青年教师和学生的成长,甚至超过自己的子女。他家子女较多,有四个儿子,两个女儿。经常有中青年教师和学生到他家请教问题,他都热情接待,耐心解答和认真讨论每一个问题,即使礼拜天也不得休息。他除了培养研究生外，还不定期开设经济理论讲座，或作学术报告，向中青年教师和学生介绍理论研究前沿动向、自己的最新研究成果，或传授自己治学之道，引导他们关注我国社会主义建设中的现实问题，培养与提高他们的科学研究能力。此外，他还经常为校内外学术刊物和作者审阅稿件，既严格要求又热情扶植，不仅在科研方向上帮助把关，还在内容、观点和文字方面帮助仔细推敲。这些工作大都是"无酬"劳动，占去了他许多时间，但他总是认为这也是教书育人的一部分，乐此不疲、诲人不倦。他常说："老骥伏枥志在千里，不用扬鞭自奋蹄。"如今关老已扬鞭西去，可他那伫立在教学大楼里的金色铜像却闪闪发光，永远亮在学子们的心里。

[本文选自《20世纪中国知名科学家学术成就概览》（经济学卷），科学出版社2013年版；个别处编者有改动。]

（潘石：吉林大学经济学院教授，博士生导师。长期担任关梦觉先生科研助手。）

关老:马克思主义经济学中国化的开拓者

陶大镛

关梦觉同志是我国当代著名的经济学家和教育家。关老毕生追求真理,勤奋治学,为坚持和发展马克思主义呕心沥血,为马克思主义经济学在中国的传播和发展做出了卓越的贡献。他对马克思主义经济理论有很深的造诣。他不仅对马克思主义政治经济学的资本主义部分有研究,对社会主义建设理论的研究则更加深入,在探索其内在规律方面,做出了贡献。他不仅仅重视马克思主义政治经济学基本理论的研究,更重视理论联系实际,对社会主义的经济现实问题进行思考,提出自己的独到见解。他不仅是一位享誉国内外的经济理论家,也是一位马克思主义理论的忠实传播者。

我与关老的友谊,算来已有半个多世纪了。1940年至1941年,我在重庆沙坪坝南开经济研究所当研究生,他在重庆时与潮杂志社任编辑。当时,进步的"文化人"云集山城,经常举办一些抗日救亡的文艺活动,我们就在那里相识了。由于志同道合,彼

1986年,关梦觉与陶大镛等人游览长白山天池留影

此一见如故,他常约我为《时与潮》译些国际时评,我有求必应。我俩还合译过一本小册子,揭露英国保守党首相张伯伦向希特勒屈膝的绥靖主义,书内还附有张伯伦手提一把雨伞的讽刺画,现在连书名都记不清楚了。记得在1941年元旦前后,他到沙坪坝来找我,知道我曾从香港邮购到《资本论》三卷英译本(当时尚无中译本),向我索阅,我爱如至宝,不忍释手。他向我保证,一定完璧归赵。临走时他借去了一卷,并约定短期内送回。不久(1941年1月间),"皖南事变"突然爆发,雾都笼罩在一片白色恐怖之中,我避居挚友家。隔两月后,我悄悄到时与潮杂志社去探询,关老已不知去向,多方打听,也无影踪。我为与好朋友失联而感到难过和不安,也为痛失《资本论》第一卷而惆怅不已。过了暑假,我也潜赴香港,从此我们就失去了联系。直到1949年

11月在北京召开民盟四中全会,我们又重晤了。历经劫波,话语万千。聊天之中我问起那部《资本论》的下落。他向我讲述了当年仓促逃离渝城、后来又从西安奔赴东北解放区的情景。他说,虽然多年来生活一直颠沛辗转,但不管走到哪里,他总把这卷《资本论》带在身边。在嫩江省(今黑龙江省)工作期间,关老将《资本论》转借一位老干部,并嘱咐他妥为保藏。关老当时向我深表歉意,还答允多方设法,再去追寻这部无产阶级的稀世之宝。果然不到两年,在1951年参加民盟组宣传会议时,他说从吉林给我捎来了一份"礼物",打开一看,原来正是我朝夕思念的这部巨著。一丢十余载,转手几万里,最后居然又回到了我的手上,那时的喜悦和激动,实在无法用笔墨来形容。这部《资本论》的传奇式遭遇,在某种程度上反映了中国马克思主义经济理论研究者所走过的艰难历程。在过去的岁月里,每次提到这一段学术上的"佳话",总会给我们带来不少美好的回忆,至今这卷《资本论》还珍藏在我的书斋里。

在与关老长期的交往中,我深知他的治学之道。他为了马克思主义在中国大地上生根、开花,呕心沥血,坚贞不渝。半个世纪以来,他驰骋在广阔的学术领域里,锲而不舍,勇往直前,发表了大量的学术论著。早在抗日战争时期,关老就对中国经济问题有了一定的研究。在《中国农村经济的新动向》《陕西省纺织业主危机及其出路》等文章中,他对抗战时期中国城乡经济现状做了深入的调查并进行了充分的分析;同时他还怀着满腔热情,参与抗日宣传,艰苦创办了《反攻》半月刊,用他那犀利的笔写就《日寇榨取东北经济的新阶段》《论日寇"以战养战"的新阴谋》等文章,彻底揭露了日本帝国主义对中国的侵略阴谋,控诉了日本军国主义者的侵华暴行。

关老在政治经济学基本理论方面的造诣很深。在深入研究了马克思主义政治经学的经典著作《资本论》后,他先后发表了《论商品生产的矛盾》《关于〈资本论〉的从抽象上升到具体的方法》《马克思的再生产理论与我国的社会主义现代化经济建设》等文章。他对政治经济学的若干基本理论问题,特别是对社会主义时期生产关系、积累与消费的关系、等价交换和按劳分配、社会主义现代化建设中生产资料生产的优先增长等问题,也都有自己的真知灼见。

关老坚持马克思主义与中国实际相结合,对社会主义建设的具体问题发表了大量的真知灼见,对马克思主义经济学中国化做出了贡献。在过渡时期的经济学研究中,他就中国过渡时期的生产力与生产关系问题发表了《论我国过渡时期的经济法则问题》《论先进的社会主义生产关系与落后的社会生产力之间的矛盾》《历史唯物主义的原理与我国高级农业合作社的现实》等文章,其中不乏熠熠闪光之点。

十一届三中全会后,中华大地迎来了科学的春天,始终坚持和发展马克思主义的关老,重新燃起了为马克思主义经济学中国化而奋斗的壮志雄心。1985年,国内经济学术界思想出现了一些"食洋不化"的不良倾向。这时,关老主编的《社会主义政治经济学》一书问世。他在书中指出:"解放思想、开拓创新,应当有两个前提:一是坚持四项基本原则,特别是坚持马克思主义,在马克思主义的轨道上前进;二是坚持实事求是,一切从实际出发，真正把马克思主义与中国的实际结合起来，只有这样才能丰富和发展马克思主义，符合建立有中国特色的社会主义的要求。以上两条是统一不可分割的，离开前者就要走到邪路上去，离开后者就要陷入主观主义、教条主义。"正是在这一思想的指导下，关老为坚持和发展马克思主义经济学理论做出了重要贡献。

关于中国特色的社会主义经济和社会主义现代化道路的问题，关老发表了《社会主义的根本任务》《我国的基本国情与工作重点的战略转移》《关于中国工业现代化的道路——纪念毛泽东同志 90 周年诞辰》等文章；关于社会主义经济有计划发展和商品经济问题，发表了《关于社会主义制度下商品生产的几个争论问题》《关于当前的商品生产和价值规律的若干问题》《怎样看待私营经济》等一系列文章。他还对中国经济体制改革中的问题做了深刻剖析，在《"大锅饭"与"铁饭碗"》《关于经济体制改革探索》《关于股份制的若干理论和实际问题》《价格改革中的三个问题》等文章中，揭示了中国改革进程中出现的难点并提出了政策建议。这些文章中充满了大量的铮铮之论，振聋发聩，有力促进了马克思主义经济学中国化进程。

关老一生在学术方面的造诣之深，成就之大，远不是上述几笔所能涵盖的。关老一生为中国革命和建设所撰写的论文极其丰富。关老在经济学领域，特别是在马克思主义经济学中国化方面给我们留下了极其珍贵的精神财富。他坚持马克思主义的基本原理同中国社会经济的具体实际相结合，提出了一系列开拓性的见解，为中国经济问题研究开辟了道路。这些都是关老留给我们的珍贵精神遗产,我们不但要珍惜它,更应该从多方面予以宣扬和发展。

(陶大镛:曾任全国人大常委会委员,北京市人大常委会副主任,民盟中央副主席,北京师范大学经济学院名誉院长、博士生导师、教授。)

求真求实　勤于实践　勇于创新
——我所认识的关梦觉老先生

卫兴华

1985年以前,我没有见过关梦觉老先生,但久闻其名,拜读过他的多篇言之有物的经济学论文。关老1913年1月生,比我年长12岁多,是我国老一辈著名经济学家。他的经济学观点有理有据,不讲大话、套话、空话,特别是他坚持钻研和阐述发扬马克思主义经济学,这也是我从事的专业。加之他又是我校(中国人民大学)经济学系老主任宋涛教授的好友,因此我对关老一直怀有敬仰之情。

我与关老第一次见面是1985年。当时教育部高教司倡议举办全国高校社会主义经济理论与实践研讨会,1985年在南开大学召开多所高校参加的筹备会议。南开校长滕维藻教授亲自领导筹办。关梦觉教授作为吉林大学经济学科负责人参加了会议。会议决定:由具有硕士点和博士点经济学科的八所高校联合成立"全国高校社会主义经济理论与实践研讨会",组成领导小组。组长是中国人民大学的宋涛,领导小组成员还有北京大

33

学的胡代光、南开大学的滕维藻(后为谷书堂)、复旦大学的蒋学模、武汉大学的谭崇台、厦门大学的吴宣恭、西南财经大学的刘诗白、吉林大学的关梦觉。我任秘书长,关老的学生张维达教授任副秘书长,还有北京大学的陈德华和人民大学的余学本任副秘书长。这个研讨会一直延续至今(2007年领导小组换届,改由年轻学者组成),每年召开一次论文审稿会和一次高校研讨大会。1986年的第一次审稿会就是由关老筹划在长春召开的。我从此有了近距离与关老接触与请教的机会,可惜关老于1990年去世。虽然他只参加了几次审稿会和研讨会,但在相聚的七八次会议上,我对关老胸怀开阔的为人处世风范、严谨治学精神和对马克思主义经济学的坚持、追求与发展,有了进一步的了解。关老处世忠厚、豁达、平易、祥和。他虽年长而不古板,常谈笑风生,讲点幽默的话。我与他相处,有一种亲切感。他在研讨会大会上的发言,坚持马克思主义和社会主义,批评错误观点。有一次他在大会上的发言,给我留下了深刻的印象。他对一位毕业于吉林大学经济学专业的学者的理论观点,提出了批评。他似有点歉疚之意地说:按照常理似乎老师不应批评学生的学术观点,但这位年轻学者的观点太出格,还是要指名道姓地指出其错误所在。我认为关老的批评是正确的,表明关老具有鲜明的理论是非感和求真求实的治学精神。

其实,关老求真求实的治学精神,表现在他的一系列论著中,体现了他的理论观点的敏锐与深厚。兹举一例:1959年,学界讨论商品生产与按劳分配的关系问题。当年6月,中国人民大学的胡钧同志在《红旗》杂志发表了《关于全民所有制内部商品价值形式问题》一文。该文提出：按劳分配的等量劳动交换与商品等价交换是根本不同的，是对立的。等量劳动互换是社会主义的本质关系，它排斥商品交换关系。文章主张社会主义非商品经济论，认为全民所有制内的职工和其他人员到国营商店买东西，不是商品交换关系，而是马克思所讲的用劳动券去换取消费品，人民币不是货币，是劳动券。显然，胡钧的观点，与马克思《哥达纲领批判》中的理论观点相悖。马克思认

1982年，关梦觉在广州白天鹅宾馆参加《大百科全书（经济卷）》审稿会

为按劳分配关系中的等量劳动互换与商品等价交换是同一原则。而胡文错解为两者根本对立，否定我国商品经济和货币的现实存在。关老不赞同胡文的观点。他在《红旗》杂志1959年第22期发表题为《关于等价交换和按劳分配的若干问题》的长篇论文，与胡钧进行争鸣。关老提出要分清三种劳动交换：一是生产领域中的劳动交换；二是交换领域中的劳动交换；三是社会主义按劳分配中的劳动交换。他指出，商品等价交换实质上是等量社会必要劳动时间的交换，与按劳分配的等量劳动交换是一致的。他表示不赞同将商品交换同按劳分配对立起来，用前者否定后者；他论证了"在目前我国的条件下，按劳分配在很大的程度上是通过商品等价交换来实现的"这一重要观点。关老的论证有理有据，澄清了这个问题上的理论是非。

关老既重视理论研究又重视经济实践研究。他对马克思主义经济学特别是对《资本论》有系统和深入的研究；对旧中国包括日伪时期的经济实践状况，对新中国特别是改革开放以来的经济理论与实践状况都有调查与研究。他心系工农群众的疾苦，心系国家与民族的兴衰，揭露、鞭笞了旧中国封建主义和日本帝国主义的压迫与掠夺，为传播马克思主义经济学，为中国特色社会主义的改革与发展，孜孜不倦，做出了重要贡献。

关老在马克思主义经济理论和社会主义经济理论的研究和阐发中，常提出一些有新意的观点，不搞人云亦云。他对社会主义商品经济与价值规律的作用有独到的见解。我记得经济学界曾关注过关老对于价值规律的一个生动而幽默的提法：在社会主义经济中，价值规律"虽改土归流，但野性难除"。关老这样讲，自有其道理。他既肯定价值规律在社会主义经济中的重要作用，又指出要看到价值规律的负面作用。他在发表的论文中指出：价值规律在资本主义私有制经济和社会主义公有制经济中，具有不同的表现形式，既有共同的作用，又会有不同的作用形式。在资本主义社会里，价值规律自发地调节生产和流通，是一种异己的力量，强制地为自己开辟道路；而在社会主义经济中，它可以被人们自觉地利用，不再作为异己的力量发生作用。在社会主义建设事业中，可既利用其积极作用，又限制其消极作用；但如果我们"忽视和违反了价值规律，或任其自发地起调节作用，那它也仍然会成为一种异己的力量"。他指出："价值规律的本性，就是追求物质利益、追求利润，它是一个物质利益的规律，是一个'无利不起早'的规律。"这一规律可以与社会主义国家、集体和劳动者个人的物质利益密切相连,促进国民经济有计划、按比例、高速度发展,追求经济效果,取得更多利润。关老分析批评了我国20世纪50年代从苏联搬来的那一套经济管理体制,即用条条绳索把企业和国民经济绑起来,违反了价值规律,生产与市场脱节,形成了死板、僵化的经济管理体制,这一切都需要改革。

值得注意的是,以上是关老在20世纪70年代提出并做出深入论述的观点,当时国内学界还没有提社会主义市场经济理论和实践问题。关老的论文中讲自觉利用价值规律调节生产和流通,实际上提出了市场调节问题。他将马克思主义经济学中关于价值规律的理论,运用于社会主义经济发展与改革的实践,澄清了当时学界在有关商品经济和价值规律的大讨论中出现的种种理论认识上的是非。关老的上述观点为后来社会主义市场化改革开放的伟大社会实践所证明,从而为马克思主义经济学在中国的创新发展做出了杰出贡献。

(卫兴华:著名经济学家,一级教授,曾任中国人民大学经济学系系主任、校学术委员会副主任,博士生导师。)

坚定不移的政治信仰，
求实创新的科学精神

陈德文

　　关梦觉先生是中国当代著名经济学家、教育家。他通今达古,学贯中西,在政治经济学、《资本论》研究、经济学说史、中国经济问题、世界经济、国际贸易等诸多领域,都有很深的学术造诣。在长达半个多世纪的时间里,关梦觉先生投身革命,从事经济研究和教育工作,做出了重大贡献。二十世纪三四十年代,他发表了系列性揭露日本军国主义侵华罪行和大量关于国际经济问题的文章,并翻译出版了不少外国进步学者的经济学论著,在社会上产生广泛影响。新中国成立以后,他坚持马克思主义普遍真理同中国实际相结合的方针,致力于中国社会主义建设道路和经济规律的研究,先后出版了在国内外有重大影响的十几部著作,发表了上百篇论文,学术建树丰伟。尤其在改革开放以后,他坚决拥护党的十一届三中全会以来的路线,坚持四项基本原则,探索经济改革理论,旗帜鲜明,一以贯之。

关梦觉先生不仅在马克思主义经济学研究和教育方面有着卓越的贡献,而且亲身投入到爱国主义运动中。"九一八"事变不久,他就积极投身到抗日救亡运动中,历任东北抗日救亡总会宣传部副部长、多家进步报刊主编,奔走于祖国的大江南北。解放后,作为全国政协常委、民盟中央副主席,他为民盟的建设,以及坚持和完善中共领导的多党合作制度做了大量卓有成效的工作。关梦觉同志的一生,热爱祖国,热爱人民,始终坚持社会主义方向,坚决拥护共产党领导,为弘扬马克思主义经济科学和党的教育事业鞠躬尽瘁,业绩彪炳,风范永存。

我们纪念关梦觉先生,就是要学习他始终坚持马克思主义基本原则,坚持从实际出发,解放思想而不固守,勇于开拓创新的精神。关梦觉先生治学态度严肃认真,一丝不苟。在学术研究上,关梦觉始终坚持相辅相成的两个基本点:一是坚定不移地坚持马克思主义,他认为这是学术研究的立足点,无论在什么情况下都不能有丝毫的动摇;二是在此基点上必须永远保持求实创新的精神。他经常倡导:"文章要有新意,著述要有独立见解。切忌炒冷饭,人云亦云。"他治学严谨,一丝不苟。他强调:"做学问要讲正派,不能当风派,论著观点要经受住实践的检验。"

我们纪念关梦觉先生,就是要学习他为学为人的高尚品格和美好情操。关教授在文字上非常考究,他反对胡造僻词,行文艰涩,主张语言流畅,文字活泼,最好富有文彩。他知识渊博,通晓文史,撰写经济论文,善用通俗易懂的语言揭示深奥的哲理,巧妙地引述历史典故和诗词使满篇生辉,读来脍炙人口。他为人正直,待人以诚。他是经济学界老前辈却从不以学术权威自居,对学术上有不同观点的人从不存门户之见;他生活俭朴,情操高洁。

我们纪念关梦觉先生,就是要学习他不仅自己勤于学问,成果卓著,而且在教学方面也是为人师表,诲人不倦,呕心沥血,体现了教书育人的高尚师德和敬业精神。在经济管理学院和经济系,他除了培养攻读硕士学位和博士学位的研究生以外,还开设马列主义经济理论专题讲座,或作学术报告,向中青年教师和本科高年级学生介绍自己最新的研究成果,传授自己治学之道,引导他们对当前国内和国际重大经济理论问题和现实经济问题进行考察和研究,培养和提高师生们的科研能力。在吉林大学任教期间,关梦觉先生为国家培养了一大批经济建设的高级专门人才,为吉林大学经济学科的崛起奠定了坚实的基础,也为中国教育事业做出了重要贡献。

如今,吉林大学的经济学科已经成长为一棵枝繁叶茂的参天大树,拥有一批国家和省级重点学科和教育部人文社科学重点研究基地;拥有一批蜚声海内外的教学名师、学术名家和领军学者;拥有一批或引领学术前沿或影响国家及地方经济建设的优秀成果;拥有一批在国家部委、大型企事业单位关键岗位发挥重要作用的杰出校友。这一切都离不开关梦觉先生当年所付出的心血和努力!

呕心育桃李,妙手著文章,丰功成伟业,后继有人才!相信吉林大学经济学院、吉林大学经济学科一定不会辜负关老当年所奠定的基业,踏着先人的足迹,朝着更高更好更强的方向,谱写出新的更加壮丽辉煌的篇章。

(本文摘自陈德文在"纪念关梦觉先生诞辰100周年暨学术思想研讨会"上的讲话,个别处有修改。)

(陈德文:中共吉林大学党委书记,教授。)

忆关老

——从两张老照片谈起

陈德华

最近整理老照片,从中发现了有关老的两张照片。我特别仔细反复地看了这两张珍贵的照片,从而浮现出当时的一些情景以及关老留给我的深刻印象。

1984年冬,关梦觉(前排左五)出席南开大学全国高校政治经济学教学研讨会,与国内一些著名经济学家合影。前排左一为卫兴华、左四为蒋学模、左六为宋涛、左七为南开大学校长滕维藻

1985年夏,关梦觉(左五)在吉林大学与陈德华(左二)、蒋学模(左三)、宋涛(左六)、卫兴华(左七)等教授合影

两张照片中的一张,是1984年冬由教育部倡导、在南开大学召开的重点大学和有关院校参加的政治经济学教学研讨会与会人员的合影。这张照片前排居中有时任南开大学校长的滕维藻以及关老、宋老(宋涛)、蒋老(蒋学模)、胡老(胡代光)、谭老(谭崇台)和卫兴华、谷书堂、刘诗白等老师,人大的余学本和我在后排。另一张照片是次年夏在吉林大学召开的第一届社会主义理论与实践研讨会审稿会会议期间照的。这张照片有关老,还有几位是前面提到的宋、蒋、胡、卫、我及会议工作人员钟亚平。我认为这两张照片有特殊的意义,因为它们都围绕一个重要的主题,那就是全国高校社会主义经济理论与实践研讨会。

先说第一张照片。这张照片记录了全国高校社会主义经济理论与实践研讨会的发起和正式命名。正是在1984年冬的南开大学会议上,经宋老、关老等力倡,由人大、北大、吉大、南开、复旦、武大、厦大和西南财院(现西南财经大学)八大院校经济院系作为发起单位,每年在各院校轮流召开一次全国性的研讨会,正式会名为"全国高校社会主义经济理论与实践研讨会"。会议决定成立由八大发起单位派员参加组成的研讨会领导小组,公举宋老为领导小组组长,卫兴华老师为秘书长;俞学本、张维达和我为副秘书长。自1985年秋在西南财院召开第一届会议以来,除1989年因故未召开外,到去年11月由北大经济学院承办了第二十八届年会。据我所知,能这样一直坚持下来的研讨会,在全国恐仅此一家,实属难能可贵。能做到这一点,首要应归功于像宋老、关老等我前面提到的那些老一辈经济学家,以及后继者们的坚持和传承。在我看来,这个研讨会不是简单的开开会而已,它的重要作用是给后起的中青年学者们提供了一个展示自己才华的平台,因为那个年代不像现在这样全国性的各种会议这样多。事实也确实如此,后来以至现存活跃在全国和高校的一大批中青年经济学者,几乎都是先后在这个研讨会议上崭露头角而走向全国理论战线第一线的。这要数起来可列出长长的一大串名单来。其中,吉大也是如此。

再来说说另一张照片,它所记录的是全国高校社会主义经济理论与实践研讨会的另一特点,就是每年年会前的审稿会。研讨会为了保证会议质量和参会人员对所讨论的问题有较充分的准备,在宋老、关老等倡议下决定:研讨会秘书组每年年初向各院校公布该年年会所要讨论的主要问题,凡欲参加年会者务必在暑假前向会议秘书组提交一篇相关论文。会议领导小组在暑假开审稿会,对各校提交的论文作出筛选,以决定参会人员名单。首届研讨会的审稿会就是应关老的邀请在吉林大学召开的。这张照片就是这次审稿会中关老与部分审稿参会人员的合影。由此可见,关老对首届审稿会以及全国高校社会主义经济理论与实践研讨会审稿会的制度安排做出了重要贡献。

通过与关老的接触,他给我留下了深刻的印象。关老对问题的探讨视野宽阔。跟关老一起讨论问题,他的发言常常给人带来深刻的启迪,因为他有大局观、全局观,他不仅对问题本身进行深入的剖析,而且会把它置于在内外众多因素制约下的环境中,探寻其发展的趋势及问题所在和解决之道。我想这是由关老自身的经历和学识所决定的。关老与我这种从家门到校门后又一直圈在校门内的"两门"教员不同。据我所知,关老不仅具有高学历,而且经历了艰苦的抗日斗争和民族解放斗争,从事过多种多样的职业和任过多种职务。关老的人生阅历极其丰富。从教学来看,他既长期从事世界经济的教学与研究,又从未放松对作为经济学理论基础的政治经济学的关注和研究。关老对世界经济(或国际经济)研究我不多说,这里主要谈点关老在政治经济学方面的见解。在20世纪80年代初,中国社会科学院经济研究所在苏州发起召开了一次关于社会主义政治经济学体系的研讨会,参会的有高校和研究机构的代表。这个研讨会规模不大,吉大是关老和张维达与会,我也参加了这次会议。会上,诸多学者就建立社会主义政治经济学体系问题提出了种种意见和方案,关老也发表了意见。会后经济研究所将会上的各学者发言稿和录音整理出版了一个小册子,可惜在我写这篇纪念文稿时找不到了,然而关老在会上的发言直到现在我还有印象。他在发言中中肯地评价了若干意见和方案,着重阐述了自己的观点,即当时还不具备建立一个社会主义政治经济学科学体系的条件,因为社会主义制度虽然有了几十年的历史,但是直到当年才可说是刚刚走上正确的发展轨道,摆在我们面前有很多现实经济问题需要去深入探讨,而要建立一个科学体系为时尚早。历史证明,这样的意见是完全正确的。从关老的其他论著中,我们还可以看到许多新鲜独到、发人深思的理论观点和科学建树。

关老巨大人格魅力的另一个显著特点,就是他平易近人,待人真诚。我比关老小20岁,在关老面前我可以说是一个小字辈,对我来讲,关老可是要学问有学问、要资历有资历、要地位有地位。但是关老一贯虚怀若谷,我与关老交往接触、讨论问题毫无障碍,有什么说什么,不同的看法意见可以随意地讨论甚至争论。我还记得前面提到的苏州会议期间,我与关老、张维达住在对门,那时我与关老尚是初次结识,但是会上会下我们之间交往甚多,交谈甚欢。从此我衷心地把关老奉为自己的良师益友。虽然此后由于各人的工作繁忙,又不在一个城市,常常只能在有限的几次学术会议上相见,但是总能够谈得来、谈得拢。可惜的是,关老离开我们还是早了一些,未能更多地聆听到他的教诲。

关老活在我的心里!

(陈德华:曾任北京大学经济学系主任,经济研究所所长,教授。)

在经济学广阔领域驰骋奋进的学者

宛 樵

关梦觉教授是我国著名经济学家。他多年从事政治经济学、《资本论》、经济学说史、经济地理、中国经济问题、世界经济、国际贸易等课程的教学和研究工作。特别是在政治经济学和世界经济的研究方面,有显著的成就。

多年的研究生涯

1936年,关梦觉任北平外交月报社编辑时,就开始研究国际经济问题。抗日战争爆发后,他到内蒙参加抗战工作。1938年初,辗转到武汉,参加创办东北进步团体"东北救亡总会"的机关刊物《反攻》半月刊。在这个刊物上,他先后发表了《东北对日本侵略者的牵制力》《在侵略战争中东北军需资源对日本能够有多大帮助》《抗战中的城市与乡村》《日寇榨取东北经济的新阶段》《论日寇"以战养战"的新阴谋》等抗日救亡文章,着重从经济上对日本侵略者进行了揭露。同年4月,他参加了由郭沫若主持的军事委员会政治部第三厅的工作,撰写抗日宣传文章。

1939年5月,关梦觉在重庆时与潮杂志社任编辑,这是一个国际问题的翻译杂志。从开始到1941年2月,他翻译了不少外国进步学者剖析日、德两国经济矛盾的文章,如《日趋严重的日本财政危机》《欧战对日本经济的影响》《当前德国经济危机》等等。同时,他还翻译了苏联著名经济学家瓦尔加写的《两个制度》一书。此外,他还撰写了关于国际问题,包括国际经济问题的文章,在报刊杂志上发表。1941年1月"皖南事变"发生后,国民党特务疯狂迫害进步人士,时与潮杂志社被强制"接收"。关梦觉在重庆八路军办事处的帮助下迅速离开重庆去洛阳。临行前,叶剑英同志在曾家岩五十号接见了他,给了他很大鼓励。

1941年3月。关梦觉到了洛阳,任中国工业合作协会(以下简称"工合")晋豫区经济研究所所长。在此期间,他曾到巩县回郭镇西侯村一带搞农村经济调查。当时回郭镇是豫西土布业的中心,由镇上的商行发棉花,交四乡的农户纺纱、织布,农民只得到一点微薄的加工费,而商行则高价出售,获得大利。他在调查中指出:这是一种典型的包买商对农民的剥削。他在西侯村调查了两个月,写出《洛河下游的手工纺织业》一文,约五万字,由"工合"刊印。1942年春,他又对鲁山的丝绸业进行了调查,撰写的调查报告在《战地工合》上发表。同年秋,他又写了一篇关于豫西灾区农村状况的调查报告,在桂林出版的《中国工业》上发表。同时,关梦觉还应河南大学的聘请,兼任该校副教授,讲授政治经济学和中国经济问题。1943年春,由于国民党特务在河南大学逮捕进步教授和同学,他被迫离开河南去西安。

在西安，关梦觉先是在国民参政会经济建设策进会西北区办事处任总干事，对当时国民党统治区通货膨胀等严重的经济问题做了一些调查。1943年下半年，他离开"经策会"，被陕西商业专科学校聘为教授，讲授政治经济学、国际贸易、经济地理等课程。1944年冬，他又兼任了由杜斌丞任董事长的《秦风工商日报》联合版主笔（社论委员），每隔一天写一篇关于经济问题和国际问题的社论。1946年5月3日，该报被国民党反动派查封，他又离开西安奔赴东北解放区。

1946年10月，关梦觉几经周折到达哈尔滨，由东北行政委员会任命为东北社会调查所副所长。不久，他又转去齐齐哈尔，任嫩江省（后改为黑龙江省）教育厅长。在此期间，他除写了关于教育方面的论文和调查报告之外，还翻译了一本揭露美英垄断资本在战争期间同德日法西斯勾结的《第二次世界大战秘录》，1948年由东北新华书店出版。1950年3月，他到沈阳任民盟东北总支部秘书长、东北人民政府监察委员。他工作虽然很忙，但还是发表了不少有关经济方面的论文，并翻译出版了英国著名经济学家约翰·伊顿写的《政治经济学教程》（五十年代出版社出版）和《英国经济问题》（世界知识出版社出版）。

从1954年9月起，关梦觉到东北人民大学任教，该校后改名为吉林大学。三十年来，他长期担任经济系教授兼系主任，为本科生和研究生讲授政治经济学、世界经济和《资本论》等课程。同时，他还在学校社会科学委员会、社会科学学报以及省经济学会、省社联等学术团体兼任领导。从1954年9月到1966年，关梦觉在《吉林大学社会科学学报》《新建设》《经济研究》《红旗》

49

粉碎四人帮后,关梦觉重返讲台。图为1977年,关梦觉在吉林大学给学生做学术报告

杂志等刊物上发表的论文和在吉林、辽宁、上海等地出版社出版的著作,有几十种之多。"十年动乱"时期,关梦觉受到严重迫害。即使在农村劳动期间,他仍坚持学习马列主义、毛泽东思想,继续进行学术研究。1973年,他从农村调回学校,在当时十分困难的条件下,撰写了《美国跨国公司》一书,这是国内最早一本关于美国跨国公司的专著。

粉碎"四人帮"以后,年过花甲的关梦觉再次焕发了革命的青春。他怀着愿为四化"奋余年"的一颗丹心,在70年代最后几年,发表了《实践是检验经济理论和经济政策的唯一标准》《关于价值规律的几个理论问题》等论文,批判了"四人帮"的反动谬论,阐述了马克思主义政治经济学中关于商品生产、价值规律的一些基本理论问题。他还应邀参加了《政治经济学辞典》和《世界经济概论》(教育部统编教材)的审稿和定稿工作。

中共十一届三中全会以后,关梦觉在负责指导经济系硕士研究生和博士研究生的同时,还集中精力研究了社会主义政治经济学和世界经济中的重大理论问题和现实问题。1980年以来,他发表的论文主要有:《关于经济管理体制改革的几个问题》《商品生产价值规律与扩大企业权限》《马克思的再生产理论与我国的社会主义现代化经济建设》《我国的基本国情与工作重点的战略转移》《建设有中国特色的社会主义经济初探——学习〈邓小平文选〉札记》《国家垄断资本主义与资本主义生产关系的变化》《帝国主义经济的新瘤疾——"停滞膨胀"》等十多篇。他主编的《政治经济学疑难问题探索》一书,1982年5月由吉林人民出版社出版,1984年3月再版发行。1983年6月,他在民盟中央举办的全国性多学科学术讲座上,主讲了"陈云同志的经济思想"。这个讲稿经过修改以《陈云同志的经济思想》为书名,作为多学科学术讲座丛书第二讲,由上海知识出版社出版。党的十二届三中全会通过的《中共中央关于经济体制改革的决定》公布以后,关梦觉又同吉林省委宣传部、省社会科学院的胡厚钧、冯宝兴同志一起主编了《经济体制改革理论探讨》一书,于1984年12月由光明日报出版社出版。

研究成果的六个方面

1985年,关梦觉已72岁的高龄了。40多年来,他对经济学的研究涉及领域宽广,取得了丰硕成果,仅从新中国成立之后特别是党的十一届三中全会以来的研究成果看,他的主要研究领域可分为社会主义经济和世界经济两大类,主要研究成果可归纳为以下六个方面:

一、关于商品生产和价值规律问题

在50年代末60年代初发表的一系列论文中,关梦觉从我国当时的实际出发,论证了在我国社会主义时期存在和发展商品生产的必要性及其客观依据,提出必须积极地利用商品生产和价值规律为社会主义建设服务。他不仅从生产关系方面分析了社会主义全民所有制和集体所有制同时并存是当前我国存在商品生产和商品交换的主要依据之一,而且还从生产力方面进一步分析了生产力发展水平这个因素的决定性作用。他说:"如果只用两种所有制的并存来解释商品生产和商品交换存在的原因,那就必然会得出这样的结论,即一旦由目前人民公社的集体所有制过渡到全面的社会主义的全民所有制,那么,商品生产和商品交换就要跟着消亡了。这个结论不但将被证明与事实不符,而且对于目前我们发展商品生产和商品交换也会起泄气作用。"(关梦觉:《关于社会主义制度下的商品生产和价值规律问题》,吉林人民出版社1960年版,第3~4页。)

关梦觉根据马克思主义经典作家给商品所下的定义,具体分析了我国社会主义条件下的商品交换关系。他明确指出,国营企业卖给职工的消费资料是商品,国营企业互相交换的生产资料也是商品。他认为,斯大林给商品所下的定义,强调所有权转移是商品交换的决定性条件,从而构成商品本身的一个基本特征,这个定义只适用于私有制下面的商品,可以说是关于商品的狭义的定义。而马克思主义经典作家还有关于商品的广义的定义,那就是"能同别的产品交换的产品就是商品"。(《马克思恩格斯选集》第一卷,人民出版社1972年版,第364页。)商品是使用价值与价值的统一。关梦觉认为:"广义的商品定义,适用于私有制下面的商品,也适用于社会主义制度下面的各种商品,或者说,它是从各种生产方式的商品交换中抽出来的,因为它表明了商品的共性。至于所有权转移这一点,乃是历史上某些商品交换的一种特性,而并非商品的共性。"(关梦觉:《关于社会主义制度下的商品生产和价值规律问题》,吉林人民出版社1960年版,第17页。)

关梦觉在肯定了国营企业之间生产资料的交换也是商品交换的同时,还从商品生产和商品交换与价值之间的相互联系上论述了重视价值规律作用的必要性。他指出,在国营企业中,无论在生产领域的经济核算方面,还是在流通领域的等价交换方面,价值规律都起着很大的作用。

1979年4月,在无锡召开的关于价值规律问题的讨论会上,关梦觉作了《关于价值规律的几个基本理论问题》的发言。(见《经济研究》,1979年"社会主义经济中价值规律问题讨论专辑"。)在这次发言中,他不是简单地重申20年前的基本观点,而是着重强调必须主动利用价值规律为四个现代化建设服务,首先是要为经济体制改革找出一条路子,制定出一套切实可行的办法。他认为,要解决好这个问题,必须首先弄清价值规律的本性。他根据价值规律的主要内容和客观要求,指出价值规律的本性,就是追求物质利益、追求利润。它是一个物质利益的规律。这一本性,无论在资本主义制度下还是在社会主义制度下都不能改变,尽管表现形式不同,发生作用的方向和后果不同。因此,在社会主义社会里,价值规律的作用是与国家、集体和劳动者个人的物质利益紧密相联的。他主张,在进行经济体制改革时,必须发挥价值规律的作用,必须按照价值规律本性的要求,在国家统一计划的指导下和坚持社会主义道路的前提下,给予企业以适当的独立性和自主权,把企业经营的好坏,与企业的局部利益和职工个人利益联系起来。只有这样,才能促进我国的四化建设顺利地向前发展。

二、关于《资本论》研究和对社会主义再生产问题的探讨

早在二十世纪三四十年代,关梦觉就运用《资本论》的理论和方法,分析国内外的战时经济,宣传抗日救亡的道理,揭露国民党政府祸国殃民的经济政策。50年代,他在当时的东北人民大学经济系系统地讲授了《资本论》第一、二、三卷,并对各卷的重点理论问题进行了专题研究。此外,他还配合马克思主义政治经济学的普及工作,在校内外举办了《资本论》通俗讲座。

在20世纪60年代,关梦觉结合当时国民经济调整、巩固、充实、提高的情况,着重研究了《资本论》第二卷中关于社会总资本再生产的理论,并运用这一理论分析了我国社会主义经济建设中的若干问题。这些问题是:"马克思主义关于再生产的一些基本原理与我国的社会主义建设","社会主义国民经济发展的比例和速度问题","积累与消费的问题"等等。对这些问题的研究成果,他先是以论文的形式在学报上陆续发表,后来又在这些论文的基础上写成了《关于社会主义扩大再生产的几个问题》的专著,于1963年由吉林人民出版社出版。

到了80年代初期,关梦觉教授结合我国社会主义经济建设中调整、改革工作的实践和学术界的争论,进一步探讨了《资本

论》第二卷中关于再生产的理论。1980年9月,吉林人民出版社把关梦觉60年代撰写的《关于社会主义扩大再生产的几个问题》一书再版发行。对这部16年前发表的著作,他认为在理论观点上同当时的社会主义现代化建设还是吻合的,因此再版时只在个别地方作了一点技术性的修改。80年代初,我国经济工作的重点是贯彻"调整、改革、整顿、提高"的方针,要大力把农业和轻工业搞上去,以解决国民经济比例失调的问题;与此相联系的是当时学术界存在着"到底是生产资料生产优先增长,还是消费资料生产优先增长"的争论。针对这些情况,关梦觉为本书增写了一篇再版序言:《在社会主义现代化建设中生产资料生产的优先增长问题》,对如何正确全面地理解上述问题展开了充分的论述。

在再版序言中,关梦觉援引马克思、列宁、斯大林和毛泽东同志关于生产资料生产占主导地位和优先增长的论述,确认这是马克思主义政治经济学的一条普遍的基本原理。他在阐述这一原理时,根据我国的经验,提出了自己的见解,对生产资料生产优先增长的涵义作了如下概括:第一,在社会主义制度下,从较长的时期看,以重工业为主体的生产资料生产的增长速度比以农业和轻工业为主体的消费资料生产的增长速度要快些,但这并不排除在特殊的情况下,在短期内,消费资料生产中的轻工业的增长速度赶上,甚至超过重工业的增长速度。不过,总的来讲,生产资料生产毕竟还处于领先地位。第二,社会生产两大部类是一个有机的整体,两者是互相依存、互相制约的。因此,生产资料生产不是孤立地优先增长,而是必须与消费资料生产互相配合、互相协调,按比例地优先增长。它究竟优先到什么程度,是由消费资料生产的增长来决定的。第三,以重工业为主体的生产资料生产,在较长的时期内,是以更高的速度向前发展的,但并不是只有进,没有退,为了调整两大部类的比例关系,有时也容许暂时后退,退是为了"进"。第四,生产资料生产的优先增长,不只是数量的增长,也包括商品质量的提高和品种的增加。

他认为,基于对生产资料生产优先增长涵义的上述理解,在我国国民经济调整期间,大力发展农业和轻工业,同生产资料生产优先增长的原理是并不违背的。他指出,"优先增长"是指一种长期的发展趋势,不是指一时的措施,对这个概念不可滥用。所以,他既不同意"轻工业优先增长"或"消费资料生产优先增长"之类的提法,也不赞同把生产资料生产优先增长的原理绝对化的观点。他提出的两大部类生产必须协调发展的思想,对于改变我国前一时期两大部类生产比例失调的状况,有一定的现实意义。

三、关于毛泽东经济思想和陈云同志的经济思想研究

几十年来,关梦觉坚持用马列主义、毛泽东思想指导自己的教学和理论研究,并且非常重视学习和研究马列主义普遍真理同中国革命具体实践相结合的毛泽东思想。特别是对毛泽东经济思想,他进行了较深入的研究,有过不少论述。在二十世纪五六十年代,他先后发表了阐述毛泽东关于农业合作化、关于社会主义建设和关于帝国主义理论的论文和专著,着重论述了毛泽东关于社会主义社会的基本矛盾、关于社会主义社会性质、关于

农业是国民经济发展的基础以及关于帝国主义的本性、关于帝国主义的矛盾、关于帝国主义的发展趋势等重要理论。粉碎"四人帮"以后,他又连续发表了阐述毛泽东关于新民主主义经济思想的文章。

党的十一届三中全会以后,关梦觉系统地学习和研究了作为毛泽东思想重要组成部分的陈云同志的经济思想。他曾应邀在吉林、黑龙江、陕西、新疆、北京等省市自治区作过关于陈云同志经济思想的学术报告。他以在民盟中央举办的多学科学术讲座上的讲稿为基础,撰写了《陈云同志的经济思想》的专著,这是改革开放后作者多年精心研究的重要成果。在这部专著里,关梦觉从马克思经济理论的高度,比较全面、准确地阐述了陈云同志的经济思想,高度评价了陈云同志对我国社会主义经济建设所做出的杰出贡献。他在本书的"前言"中指出,"我们所以称'陈云同志的经济思想',而不干脆说'陈云经济思想',就是为了表明它是毛泽东思想的一个组成部分,而不是与毛泽东思想相并行的一种独立的思想体系。陈云同志不仅是党和国家的一位卓越的领导人,是老一辈的无产阶级革命家,而且是当代杰出的经济学家。他不仅理论造诣很深,而且有丰富的领导经济工作的实践经验,是理论与实践相结合的典范。他对于毛泽东思想的丰富和发展做出了重大贡献。"(关梦觉:《陈云同志的经济思想》,上海知识出版社1984年版,第1~2页。)

关梦觉对陈云同志的经济思想,分十个专题展开了论述。其中特别是对陈云同志研究经济问题的方法和经济思想的核心等问题,提出了自己独特的见解,并结合我国现实经济生活中存在的问题作了深入浅出的讲解。在"实事求是的科学态度和辩证方法"这第一个专题里,他首先阐述了陈云同志把辩证法和实事求是的唯物主义原则结合起来的辩证唯物主义的思想方法,以及以客观事实为依据的调查研究的科学态度。正是这种实事求是的研究经济问题的科学态度和辩证方法,才使得陈云同志的经济思想和一系列政策主张经受住了30多年来社会实践的检验,对于我国社会主义现代化经济建设具有重大的指导意义。在"陈云同志经济思想的核心"这个专题里,关梦觉以陈云同志提出的"建设规模要和国力相适应","计划指标必须可靠,而且必须留有余地"等主张为例,指出"陈云同志经济思想的核心,或者说他的主导思想,就是脚踏实地,稳扎稳打"。(关梦觉:《陈云同志的经济思想》,上海知识出版社1984年版,第24页。)此外,他还对陈云同志关于坚持国营经济的主导地位,发展多种经济形式;关于国民经济有计划按比例发展;关于计划经济与市场调节;关于提高经济效益,保证重点建设;关于经济体制改革等方面的经济思想,都作了比较充分的论述。

四、关于经济体制改革的理论探讨

中共十一届三中全会召开后,关梦觉认真学习了党的路线、方针和有关经济政策,并结合在吉林、辽宁、江苏、新疆、广东等地工厂、农村以及深圳特区的实地考察,对我国经济体制改革问题进行了理论探讨。1979年下半年和1980年年初,他主持召开了吉林省经济学会和吉林大学经济系关于经济体制改革的讨论会,应邀参加了中共吉林省委和吉林省人民政府召开的长期经济规划讨论会。在这些会议上,他结合省内外的实际,作了专题发言。此后几年,他撰写了《关于经济管理体制改革的几个问题》《社会主义经济建设中的拨乱反正与继往开来》《建设有中国特色的社会主义经济初探》等一系列论文,主编了《经济体制改革理论探讨》等专著,对我国经济体制改革的方向、基本原则和理论依据等问题,从理论与实践的结合上进行了深入阐述。在改革的理论依据方面,他着重研究了以下三个问题:

第一,关于建设有中国特色的社会主义经济问题。关梦觉教授认为,我国的经济体制改革是在建设有中国特色的社会主义经济总要求下进行的。要搞好改革,必须首先明确"有中国特色"的范围、涵义和主要内容。对于有中国特色的社会主义,究竟是指社会主义建设的最终目标还是指建设的道路,这个问题当时在学术界颇有争议。他认为,有中国特色的社会主义主要是指社会主义建设的具体道路,而不是指最终目标。他指出:"这里所说的道路,是指建设社会主义所采取的具体形式,包括方式、方法、各个阶段的具体战略目标、战略步骤、战略重点、发展速度、经济体制、方针、政策,等等,既涉及生产关系和生产力,也涉及上层建筑。"(关梦觉:《建设有中国特色的社会主义经济初探》,《吉林大学社会科学学报》1984年第2期,第2页。)对"有中国特色"的涵义,他认为,在上述范围内,它并不限于中国所特有的东西,凡是马克思列宁主义的普遍真理与中国的实际相结合的,就都算是具有中国特色。如社会主义建设时期的以国营经济为主导的多种经济形式长期并存,目前我国农村中以家庭为单位的联产承包责任制等等,都具有中国的特色。但其他在某种程度上为中国所特有的,如以计划经济为主,同时发挥市场的调节作用;采取各种形式的生产、经营责任制等等,后者虽然不一定是中国所特有的,但在马克思列宁主义的具体运用上具有中国的特色。总之,凡是具备符合马列主义普遍真理和符合中国国情这两个条件,就都算是"有中国特色"。

第二,关于社会主义的根本任务就是发展社会生产力的问题。还在20世纪50年代中期,在中共第八次全国代表大会召开前后,关梦觉就连续发表了几篇论文,论证在我国社会主义制度已经建立的情况下,我国国内的主要矛盾实质上就是先进的社会主义制度同落后的社会生产力之间的矛盾。他认为,我们面临的任务,就是要自觉地解决新的生产关系中不断出现的新问题,推动生产力前进。27年以后,中共十二届三中全会通过的《中共中央关于经济体制改革的决定》明确指出:"社会主义的根本任务就是发展社会生产力。"关梦觉认为,这是"八大决议在新的历史条件下的继续和发展。我国经济体制改革的目的,就是为了促进社会生产力的发展,更好地开创我国社会主义现代化建设的新局面"。在其主编的《经济体制改革理论探讨》一书中,他专门编写了"社会主义的根本任务就是发展社会生产力"这一章,从马克思主义的基本原理出发,结合新中国成立以来几经波折的历史教训,充分论述了在我国这样一个发展中的社会主义大国,大力发展社会生产力的特殊重要意义。他在阐述经济体制改革与发展社会生产力的关系时指出:"统帅改革全局的理论根据,主要是生产关系一定要适合生产力发展的规律和上层建筑一定要适合经济基础发展的要求。无论是生产关系(经济基础)的改革或上层建筑的改革,归根结底,都是为了发展社会生产力。"(关梦觉、胡厚钧、冯宝兴主编的《经济体制改革理论探讨》,光明日报出版社1984年版,第11页。)

第三,关于有计划的商品经济问题。1985年6月至7月,关梦觉应邀在无锡、常州、扬州、南京和浑江等市作了关于有计划的商品经济的学术报告。他认为,有计划的商品经济是一个重大的理论和实践问题,是经济体制改革的一个重要的理论根据。一般地讲,政治经济学的新突破,主要在这个问题上。他强调指出,对这个问题的认识,既要反对把计划经济与商品经济对立起来的传统观念,也要防止走过了头,把计划经济与商品经济完全等同起来,甚至把社会主义的商品经济与资本主义的商品经济完全等同起来,搞所谓"资本社会主义",即搞资本主义自由化。他结合当时报刊上的讨论,针对某些文章的观点,着重在三个问题上发表了自己的看法:其一,在计划经济与商品经济二者是统一的问题上,他认为,这种统一是矛盾的统一,即二者既有统一的一面,也有矛盾的一面;而在这个矛盾统一体中,计划经济是矛盾的主要方面,即起主导作用的方面,因而二者的统一是在国家的宏观控制和计划指导下的统一。有计划的商品经济,去掉了"有计划",就只剩下了商品经济,就会出现生产无政府状态。其二,在有计划的商品经济是"一元论"还是"二元论"的问题上,他认为讲二者是统一体,就是一元论。而有的同志主张,讲一元论就得是铁板一块,就得是一个无矛盾、无差别的统一体,否则就是"二元论",这种看法是错误的。他不同意把计划经济和商品经济说成是"两个同质的概念",因为那样就把计划经济和商品经济等同起来了,否认了二者的区别和矛盾。他也不同意把计划经济和商品经济说成是"形式与内容的关系",因为作为社会主义经济制度的计划经济,并不是由商品经济决定的,作为两个不同的经济范畴,各有其内容和形式。把计划经济说成是形式,把商品经济说成是内容,就是贬低计划经济,抬高商品经济。其三,他不同意把社会主义社会说成是"商品经济的最高阶段"的观点。他指出,如果商品经济的发展仅仅是由生产力来决定的,那么,社会主义社会将是商品经济发展的最高阶段。然而以公有制为基础的社会主义生产关系却制约着商品关系的范围,例如劳动力就不是商品,这是有决定意义的;土地、矿山、银行、铁路等一切国有的企业和资源也不是商品;而且社会主义国家对于商品经济还要进行计划指导和行政管理,不能像资本主义社会那样,任其自由泛滥。

除了上述几个重要的理论问题外,关梦觉还对经济体制改革中一些具体问题,如关于国营企业的自负盈亏问题、建立公司问题、扩大企业自主权问题等,也都进行了认真考察和思考,并在报刊上发表了一系列的独到见解。关梦觉教授的学术研究,为80年代中国经济体制改革提供了有力的理论依据和切实可行的政策建议。

五、关于国家垄断资本主义问题

在二十世纪五六十年代,关梦觉结合当时美国和欧洲一些主要资本主义国家出现的严重经济危机,分析了第二次世界大战以后国家垄断资本主义的问题,其观点集中反映在《国家垄断资本主义与美国经济危机》一书中。在这部著作中,他着重分析了1960年2月开始的美国在战后发生的第四次经济危机,从中抓住一个关键问题,那就是把它与国家垄断资本主义的发展及其各项政策措施联系起来进行考察,比较充分地阐述了战后国家垄断资本主义的发展和作用问题。

到了70年代后期和80年代初,国家垄断资本主义在一些主要资本主义国家的经济生活中日益占据统治地位。这时,在我国经济学界关于究竟什么是国家垄断资本主义,它的实质是什么,它的作用如何等一些基本问题,都存在着争论和分歧。关梦觉认为,无论国家垄断资本主义的表现形式及其作用发生了怎样的变化,它的垄断资本主义的实质并没有改变,它所固有的资本主义生产社会化和占有私人性这一基本矛盾并没有变。因此,正确认识国家垄断资本的发展及其作用以及它的发展变化趋势,对于研究资本主义在世界政治经济方面出现的新现象,是非常重要的。关梦觉与另两位同志合写的论文《国家垄断资本主义与资本主义生产关系的变化》,集中地反映了他在这方面的基本观点。

首先,关梦觉认为,国家垄断资本和私人垄断资本一样,是帝国主义的一个基本经济范畴。帝国主义阶段的国家垄断资本,是垄断资本主义生产关系的社会化形式,或者说是采取了国家形式的垄断资本主义。他指出,作为国家垄断资本主义的"国家",不仅体现为资产阶级专政的暴力机关,而且体现为生产资料所有者,它不只是作为上层建筑从外部对经济基础发生反作用,而且还以"总资本家"的身份直接参与资本主义再生产过程;

63

它不仅是以军队、警察、法庭、官吏的身份为资产阶级服务,而且是以生产资料所有者、直接投资者、货币借贷者、资本输出者的身份为资产阶级服务。当然,它的活动和发展,不只是通过劳动力商品的买卖,积累和吞并等经济手段,而且还要借助于政府的政策和法令。

其次,关梦觉结合世界资本主义的发展过程,论述了国家垄断资本主义的出现不是偶然的,而是资本主义生产方式内部生产关系发生变化的必然结果。他指出,从生产力来说,资本主义生产一开始就是社会化生产。它的规模和程度,随着18世纪末19世纪初以后的几次技术革命的发生,在不断地扩大和提高。他根据历史发展的事实,证明正是在资本主义生产社会化程度日益提高的基础上,才发生了生产关系社会形式的不断变化,即从单个资本家所有制,到集团资本家所有制,再到"总资本家"所有制,即国家垄断资本主义的所有制。这是资本主义生产社会化和占有私人性这一基本矛盾发展的必然结果。

最后,关梦觉比较全面地分析和评述了现代国家垄断资本主义的作用。他既肯定了在新的历史条件下国家垄断资本主义对促进生产力发展所起的一定积极作用,同时又指出这种作用不可能从根本上解决资本主义的基本经济矛盾。他指出,资本主义生产关系新的、更高的社会化形式的出现,固然可以给社会化大生产的发展以新的动力,但同时也使资本主义剥削关系和资本主义矛盾发展到更尖锐的程度。国家垄断资本主义已经到了资本主义关系的社会化形式发展的最后一个阶梯。当然,由这一阶梯上升到社会主义那一级,不会自动实现,只能靠无产阶级革命来完成。

六、关于资本主义经济危机问题

第二次世界大战以后,国外有些经济学家以50年代中期美国出现的经济"繁荣"和经济危机周期发生了变化为"理由",断言马克思主义关于经济危机的理论已经"过时了",或者说它在第二次世界大战以后已经"不适用了"。1957年到1958年前后,我国经济学界对战后资本主义经济危机,特别是对美国经济危机问题,展开了热烈的讨论。在这场讨论中,关梦觉撰写了《第二次世界大战后的资本主义经济危机问题》一书(1957年10月由辽宁人民出版社出版)。他以美国1948—1949年经济危机及其以后的生产上升和1953—1954年的经济危机及其以后的经济"繁荣"为重点,对第二次世界大战后影响资本主义经济危机周期变化的一些主要因素,如固定资产更新、消费信用扩大、汽车生产与住宅建筑增加、美国对外扩张以及国民经济军事化,等等,作了实事求是的分析。他指出,这些因素对促使美国迅速度过战后上述两次危机并转入所谓经济"繁荣"起了一定作用;另一方面,这些因素发生作用的结果,又促使生产力的增长与有支付能力的需求之间矛盾加深,因而为更严重的危机的到来创造了前提。1958年到1961年,他又发表了《美国经济危机透视》《国家垄断资本主义与美国经济危机》等论文专著,为深入研究战后美国经济危机提供了丰富的新鲜资料,在经济学界产生了较大影响。

在七八十年代,关梦觉花费了很大精力,研究帝国主义经济中一个新的现象——"停滞膨胀"问题。在《帝国主义经济的新痼疾——"停滞膨胀"》一文中,他指出,"停滞膨胀"并不是取代了资本主义的经济周期,也不是周期的某一阶段,而是与经济周期相并行,贯穿于周期的各个阶段之中。他列举了确凿的材料说明帝国主义经济陷于"停滞膨胀"的泥潭之中,分析了"停滞膨胀"的实质及其产生的原因,论述了它对经济周期的影响,以及停滞与膨胀互相牵制,西方经济难逃困境等问题。他的结论是:"'停滞膨胀'是资本主义基本矛盾在经济上的一种新的特殊的表现形式,也是资本主义腐朽性的一种集中表现。"(关梦觉:《帝国主义经济的新痼疾——"停滞膨胀"》,《红旗》1982年第4期,第46页。)"无论采取货币学派或供应学派的经济政策,都不能解决问题。"1982年1月1日出版的香港《经济导报》创刊35周年纪念特大号上,发表了关梦觉写的"报庆特约专文":《"停滞膨胀"与当前资本主义的经济危机》。这篇论文,可以看作是1982年第4期《红旗》杂志那篇论文的姊妹篇。论文的主要部分,是结合1980年从美国开始的经济危机,探讨经济周期的形态变化问题。他根据联合国和美、苏等国发表的大量统计材料,简要地论述了1980年和1981年美国发生的经济危机。他对"这是两次危机,还是一次危机的延续"的问题,提出了自己独到的见解。他说:"我认为1981年的危机是1980年危机的延续,只是中间穿插了一段短暂的回升,这是80年代生产过剩危机的新的变形:危机——危机暂时中断——危机。这种新的变形,是'停滞膨胀'及反'滞胀'措施发生作用的结果。"(关梦觉:《"停滞膨胀"与当前资本主义的经济危机》,香港《经济导报》,1982年第1~2期,第95页。)根据"停滞膨胀"使经济周期出现新的形式这一新特点,他还提出了"传统的周期四阶段论并不是不能改变的"新看法。(关梦觉:《"停滞膨胀"与当前资本主义的经济危机》,香港《经济导报》,1982年第1~2期,第95页。)此外,他在1981年12月参加全国政协会议期间与香港《文汇报》记者刘诚谈话时,也阐述了上述两篇论文中的基本思想。他的谈话,作为"访经济学家关梦觉"的"特稿",由香港《文汇报》在1981年12月19日和20日连续发表。

  关梦觉在经济学方面的著述很多,研究成果比较丰富。他在总结自己多年来治学方面的体会时,主要谈了两条:一是必须坚持马克思列宁主义的基本原则。他认为,离开了这一条,就要走到邪路上去,或者掉到资产阶级自由化的泥坑里去,或者标奇立异,乱说一通。二是必须在马列主义基本原则的指导下,从实际出发,解放思想,敢于创新,敢于提出自己的独立见解。他认为,没有这一条,就要陷入教条主义,就会思想僵化,就要保守、落后。实践证明,关梦觉之所以能在政治经济学和世界经济的研究领域里取得比较显著的成就,正是他长期坚信和恪守这两条治学原则,坚持不懈地身体力行的结果。

  关梦觉不仅个人的治学态度严肃认真,一丝不苟,而且还十分关怀中青年教师和学生的迅速成长。在吉林大学经济系,他除了培养攻读硕士学位和博士学位的研究生以外,还开设不定期的经济理论讲座或作学术报告,向中青年教师和本科高年级学生介绍自己的研究成果,传授治学之道,引导他们对当前国际和国内的现实经济问题进行考察和研究,培养和提高师生们的科研能力。此外,自1982年年初以来,关梦觉还担任了《现代日本经济》杂志的主编工作。

熟悉关梦觉的同志都知道,无论是严寒酷暑,还是星期假日,他每天总是忙忙碌碌地工作着。他除了参加国内经济学界有关的学术会议、应邀去外地作学术报告、为吉林省有关部门提供经济咨询外,还接待了来自西欧、北美和日本等地的经济学家。1981年3月,他以中国经济学家代表的身份,参加了在杭州召开的国际世界经济讨论会。

1985年,关梦觉和著名经济学家陶大镛一起完成了中国大百科全书政治经济学卷资本主义部分的定稿工作。他在指导三名政治经济学博士学位研究生的同时,主编了《社会主义政治经济学研究》一书。关梦觉穷毕生之精力驰骋于经济研究领域,为马克思主义经济学在中国的传播和发展进行了不懈努力,取得了卓越成就;为我国经济学教学、科研以及经济学理论建设呕心沥血,做出了新的重要建树;为改革开放和社会主义现代化建设事业积极探索和创新理论,做出了杰出贡献。

(宛樵:曾任吉林大学经济管理学院院长,教授。)

与国家民族同呼吸共命运的经济学大师

——著名经济学家关梦觉教授的治学报国之路

谢 地

关梦觉先生是我国已故著名经济学家,曾任吉林大学经济管理学院名誉院长、教授、博士生导师,校学术委员会副主任,同时为吉林省社会科学院副院长、吉林省社联副主席、经团联副会长、中国世界经济学会副会长、中国《资本论》研究会副会长,全国政协常委、民盟中央副主席、民盟吉林省主任委员、吉林省政协副主席、国务院学位委员会第一届经济学科评议组成员等。

从20世纪30年代投身爱国民主运动起,关梦觉就在经济学领域执着求索,成为中国经济学的开拓者之一。在半个多世纪的时间里,关梦觉先生满怀对国家、民族和社会主义事业的挚爱,以一个经济学家改造社会、实现国家经济发展、提高国民福利的责任感和使命感,纵横驰骋于政治经济学、《资本论》研究,以及经济学说史、经济地理、中国经济、世界经济、国际贸易等多个研究领域,取得了卓越的成就。关梦觉先生教书育人,诲人不倦,为我国培养了一大批经济研究与管理人才,可谓桃李满天下。

回顾关梦觉先生的一生,可资研究与学习的东西很多,可以引发我们思考的东西也很多,但是最令人肃然起敬的还是他的人生旅程所反映出来的在我国老一代科学家(自然科学家与社会科学家)身上表现出来的共同行为特征,那就是与国家民族同呼吸共命运,治学报国,矢志不移。

民族危亡之际投笔从戎的学者

关梦觉1913年1月出生于吉林省怀德县(今吉林省公主岭市)的一个满族贫寒之家。他出生的年代,正是中国资产阶级民主革命方兴未艾,社会政治和经济异常动荡之时。1929年,他年仅16岁,就以优异的成绩考入张学良将军一手创办的东北大学经济系,在大学期间学习非常刻苦。

"九一八"事变以后,关梦觉痛惜国土沦丧,怀着满腔的爱国热情,投入了抗日救亡运动。1934年任北平外交月报社编辑时,关梦觉出于对民族命运的关切,开始研究国际经济问题。可能是痛感当时书生报国的无奈吧,"七七"卢沟桥事变后,他曾毅然赴绥远东北挺进军,投笔从戎,在战场上度过了惊心动魄的一年时光。1938年年初,关梦觉辗转到武汉,任东北救亡总会宣传部副部长和《反攻》半月刊副主编。他在《反攻》杂志上先后发表了《东北对日本侵略战争的牵制力》《在侵略战争中东北军需资源对日本能够有多大帮助》《抗日战争中的城市与乡村》《日寇榨取东北经济的新阶段》《论日寇"以战养战"的新阴谋》等一系列文章,运用其丰富的经济学知识,揭露日本军国主义者的侵华暴行,剖析其经济上的虚弱本质,表现出一个经济学理论工作者在民族危亡关头理论联系实际,分析和解决现实问题的强烈使命感和参与意识,展现了老一代进步学者走出"两耳不闻窗外事"的书斋,投身于救国救民和社会进步事业的治学风范。

武汉大撤退以后,关梦觉来到了重庆,并于1939年5月任国际问题翻译杂志《时与潮》的编辑。在这个岗位上,他继续保持了对国际问题的关注,翻译发表了《日趋严重的日本财政危机》《欧战对日本经济的影响》《当前德国的经济危机》等不少外国进步学者评析日、德两国经济矛盾的文章,并翻译了苏联学者瓦尔加的《两个制度》一书。

1941年"皖南事变"后,关梦觉在重庆八路军办事处的帮助下前往河南。行前,叶剑英同志在曾家岩50号接见了他,鼓励他继续革命,为进步事业多做工作。1941年3月,关梦觉来到洛阳,任中国工业合作协会晋豫区经济研究所所长。他深入调查研究,了解战时国计民生,先后写出了《洛河下游的手工纺织业》(在"工合"刊印)、《鲁山丝绸业》(在《战地工合》杂志上发表)及《豫西灾区农村状况》(在桂林出版的《中国工业》杂志上发表)等报告。这些报告对于研究抗战时期中国经济具有非常重要的价值,也表现出关梦觉作为一位经济学家在经济研究早期对民生问题的极大关切。此间,他还应聘为河南大学副教授,开始讲授政治经济学和中国经济学课程。他的教学,知识广博,贯通文史,深入浅出,生动感人,受到进步学生的热烈欢迎。

1943年1月,因国民党迫害进步师生,关梦觉离开河南去西安。他先是在国民参政会经济建设策进会西北区办事处任总干事,对国统区极其严重的经济问题,特别是通货膨胀等问题进行调查和剖析。半年后,他离开"经策会",被陕西商业专科学校聘为教授,讲授政治经济学、国际贸易和经济地理三门课程。关梦觉重开他的经济学教学生涯,为抗战时期敌后教育事业和经济建设人才培养做出了重要贡献。在此期间,他又于1944年冬兼任了《秦风工商日报》联合版主笔(社论委员),每隔一天写一篇关于经济问题和国际问题的社论,直到1946年5月3日报社被国民党反动派查封。关梦觉被迫离开西安,历经艰险,转道奔赴东北解放区。

关梦觉以一个记者、报人、学者的身份和特有的方式参加了抗日救亡、民族解放的伟大运动,同全国人民一道迎来了抗日战争的最后胜利。

新中国经济理论研究的拓荒者

1946年10月,关梦觉辗转进入东北解放区。这是他追求进步、光明的必然选择。进入东北解放区以后到1954年以前,他先后任东北行政委员会社会调查所副所长、嫩江省(后改为黑龙江省)教育厅厅长、民盟东北总支部秘书长,兼任东北人民政府监察委员。人民民主国家的光明前景使他格外兴奋,忘我地投入工作,去迎接新中国的黎明。新中国成立以后到1954年这段时间,他身兼数职,公务异常繁忙,但仍不辍学问。这期间,他翻译了揭露英美垄断资本在战争期间同德、日法西斯勾结的《第二次世界大战秘录》,1948年由东北新华书店出版。1950年以后,他曾写了不少有关经济学方面的论文,在报刊上发表,并翻译了英国经济学家约翰·伊顿的《政治经济学教程》和《英国经济问题》,分别由五十年代出版社和世界知识出版社出版。

1954年9月,关梦觉重返学术岗位,就任东北人民大学(后改称吉林大学)经济系(经济管理学院前身)主任、教授,开始了对中国经济理论及世界经济理论的艰辛探索。

1956年夏天,我国绝大多数地区基本上完成了对生产资料私有制的社会主义改造。据当时统计,全国已有90%的农户加入了合作社,其中加入高级社的占56%。在这种情况下,社会上很自然地提出了这样的问题:我国高级农业生产合作社的生产力与生产关系的相互关系怎样?是否符合生产关系适应生产力性质的规律?1956年7月,关梦觉在《新建设》杂志上发表《关于高级农业生产合作社的生产力与生产关系问题》一文,明确提出高级社的社会主义生产关系是先进的,而生产力却相对落后的观点。这在当时是有些"离经叛道"的,是需要一定理论勇气的。此后不久召开了中共第八次全国代表大会,这次大会的政治报告的决议指出:在我国社会主义制度已经建立的情况下,我国国内的主要矛盾已经是人民对于经济文化迅速发展的需要同当前经济文化不能满足人民需要的状况之间的矛盾,这一矛盾的实质上就是"先进的社会主义制度同落后的社会生产力之间的矛盾"。这说明,关梦觉的认识是有一定价值的,也为后来的实践所证明,是正确的认识。在中共八大精神的鼓舞下,他又先后撰写了《历史唯物主义原理与我国高级农业生产合作社的现实》《论先进的社会主义生产关系与落后的社会生产力之间的矛盾》两篇论文,分别在《经济研究》1957年第1期和《新建设》1957年第2期上发表。文中着重对先进的生产关系和落后的社会生产力之间矛盾的特点、性质和作用,以及这个观点是否违背了历史唯物主义原理等重大理论问题,进行了深刻的分析和论述。这些文章今天读来仍然闪烁着灼人的真理光芒。

我国社会主义经济制度确立以后,对商品生产和价值规律的认识经历了一个复杂的过程。经济理论界对这一问题的认识也是几起几落。其中,1959年上海经济理论讨论会前后是一次高潮,1979年4月在无锡召开全国的价值规律问题讨论会又是一次高潮。这两次会议关梦觉都参加了,并且提交文章,做大会发言。两次会议间隔20年,我国政治经济状况都发生了根本性的变化,但关梦觉关于社会主义商品生产和价值规律问题的认识前后是一贯的,经受住了时间的检验。早在50年代末的争论中,关梦觉就从我国当时的实际出发,论证了在我国社会主义时期存在和发展商品生产的必要性及其客观依据,旗帜鲜明地提出要利用商品生产和价值规律为社会主义建设服务。在价值规律的作用问题上,关梦觉不是一般地承认它的存在,而是对价值规律的作用进行了区分,把其作用区分为积极作用和消极作用。他认为,只要存在商品经济,价值规律一定要发生作用,这是客观的,是不以人们的意志为转移的。离开周围条件,单就这种作用本身来说,无所谓积极作用和消极作用。但就价值规律发生作用的后果对人们的关系来说,对于社会主义建设的关系来说,则可以区分为积极作用和消极作用。为此,他举了一个著名的例子:"水能载舟,亦能覆舟。"就水本身来说,载舟覆舟,一视同仁;但就对人的关系来说,"载舟"是积极作用,"覆舟"是消极作用。今天看来,这仍是对价值规律作用的绝妙比喻和深刻揭示。

1985年,关梦觉在西安出席学术研讨会

早在二十世纪三四十年代,关梦觉就注重运用《资本论》的理论和方法,剖析国内外战时经济,宣传抗日救亡的道理,揭露国民党反动派祸国殃民的经济政策。他在《资本论》研究方面有很深的造诣。新中国的成立及大规模经济建设时代的到来,为关梦觉讲授《资本论》,运用《资本论》的理论和方法分析、解决社会主义经济建设中的问题,提供了用武之地。在50年代,他着重研究了《资本论》第一卷中关于商品、货币、资本积累和无产阶级贫困化等问题,先后发表和出版了一系列有影响的著作。60年代初,针对当时国民经济贯彻"调整、巩固、充实、提高"的方针,他着重研究了《资本论》第二卷中关于社会资本再生产的理论,并运用这一理论分析了我国社会主义经济建设中的若干问题。这种研究表明,关梦觉是带着现实问题去研究《资本论》,再用《资本论》的理论、方法来回答和解释现实问题,这充分反映了他理论联系实际、追求真理的学风。

关梦觉是一位具有崇高政治责任感的经济学家。新中国成立以后,他更自觉地始终运用马列主义、毛泽东思想来指导自己的教学及经济理论研究,并且非常重视学习和研究作为马列主义普遍真理同中国革命具体实践相结合的毛泽东思想,特别是对毛泽东的经济思想有过不少论述。他认为,毛泽东的经济思想是毛泽东思想的重要组成部分,是中国共产党人对马克思主义政治经济学的伟大贡献。他认为,毛泽东的经济思想可以分为三个部分:一是毛泽东在新民主主义革命时期对马克思主义政治经济学的贡献;二是毛泽东在社会主义革命时期对马克思主义政治经济学的贡献;三是毛泽东关于帝国主义理论、三个世界划分理论的重大贡献。关梦觉用大量精力深入研究了毛泽东关于新民主主义的经济思想。在50年代,围绕毛泽东经济思想,他发表了一系列有影响的著述。"十年动乱"期间,关梦觉身处逆境仍然继续系统研究毛泽东的经济思想。粉碎"四人帮"以后,他很快就于1976年11月写出了《毛主席在新民主主义革命时期对马克思主义政治经济学的伟大贡献》一文,这篇3万多字的稿件,经过修改,在《社会科学战线》1978年创刊号和第2期上连续发表。这篇论文以《毛泽东选集》第四卷为根据,以阐述毛泽东的经济思想为主要内容,同时也涉及了毛泽东的哲学思想和科学社会主义思想,并且对"四人帮"歪曲、篡改马列主义、毛泽东思想的谬论进行了批判。

大凡学术有成就者,在治学上都有其独到之处。关梦觉的治学之道，从根本上说，是根植于中国国情，在马克思主义轨道上开拓创新。靠着这种学风和信念，关梦觉在新中国经济理论大厦构筑的过程中做出了巨大的贡献，成为那个时代为数不多的几位著名的经济学家之一，堪称新中国经济理论研究的重要拓荒者。

世界经济问题马克思主义研究的主要奠基者

早在二十世纪三四十年代，出于对中华民族命运的极大关切，关梦觉就开始了关于世界经济问题的研究，从他解放前发表的有关这方面的著述看，其研究已经达到相当高的水平。新中国成立以后，面临着复杂的国际政治、经济环境，新生的社会主义国家要建设、要发展、要赢得与资本主义竞争的比较优势，除了自力更生、艰苦奋斗外，还必须冷静地分析自己所处的国际政治、经济环境，并采取相应的对策。在老一代经济学家中，关梦觉较早地对世界经济问题进行了深入研究，"冷眼向洋看世界"，取得了公认的学术成就。

第二次世界大战以后，资本主义国家经济生活中出现了一些新的现象，其中最引人瞩目的是国家垄断资本主义问题。早在二十世纪五六十年代，关梦觉结合当时美国和欧洲一些主要资本主义国家出现的严重的经济危机，分析了"二战"以后的国家垄断资本主义的问题。1961年，辽宁人民出版社出版了他的专著《国家垄断资本主义美国经济危机》。在这部著作中，他着重剖析了1960年2月开始的美国在战后发生的第四次经济危机,从中抓住一个关键问题,那就是把它与国家垄断资本主义的发展及其各项政策、措施联系起来进行考察,充分阐述了战后国家垄断资本主义的发展和作用问题。70年代后期到80年代初期,西方国家垄断资本主义作用的形式又发生了若干新的变化,针对当时我国经济学界关于究竟什么是国家垄断资本主义,它的实质是什么,它的作用如何等基本问题的分歧,关梦觉著文认为,无论国家垄断资本主义的表现形式及其作用发生了怎样变化,它的垄断资本主义实质并没有变,资本主义基本矛盾,即生产社会化与资本主义私人占有制之间的矛盾并未改变。这种思想集中反映在1980年他与学术同人合写的《国家垄断资本主义与资本主义生产关系的变化》(《吉林大学学报·社会科学版》,1980年第3期)一文当中。

跨国公司是"二战"以后得到迅速发展的国际垄断组织,被人们戏称为"经济恐龙"。跨国公司的发展,是战后世界经济中的重要现象,也是研究世界经济的新的重要课题。1975年,关梦觉在国内最早出版了关于跨国公司的研究专著——《美国跨国公司》。在这部著作中,他首先阐明了什么是跨国公司,并概括了跨国公司的主要特征:一是以高度垄断为基础;二是以私人对外直接投资为前提;三是资本组织形式有独资与合资之分;四是子公司的所有权掌握在母国母公司手中;五是经营管理权集中于母公司;六是为增强竞争力而采取多角化经营;七是以公司为核心的企业体系,形成一个强大的政治经济势力,成为"国中之国",对所在国进行经济掠夺和政治干涉。根据这些特点,关梦觉总结道:跨国公司是一种国际垄断组织,是帝国主义,特别是超级大国疯狂进行对外扩张、侵略和剥削、掠夺的一种形式,是新殖民主义侵略的工具,这就是它的实质。在这部著作中,关梦觉还通过大量的统计图表和典型事例,揭露了美国跨国公司对别国的经济掠夺和政治干涉。值得一提的是,这部著作是在"文革"期间比较困难的条件下写就的,当时关梦觉刚从农村"下放"调回学校。

早在一百多年以前,马克思和恩格斯就在《共产党宣言》中明确指出:周期性地爆发经济危机是资本主义经济的顽症。后来的资本主义经济发展证明,马克思主义经典作家对经济危机的认识是科学的、正确的。"二战"以后,一些经济学家针对主要资本主义国家出现经济繁荣及经济危机周期发生变化的现象,断言马克思关于经济危机的理论已经"过时",或在"二战"后已经"不适用了"。1957年到1958年前后,我国经济学界也对经济危机问题展开了热烈的讨论。在这场讨论中,关梦觉写下了《第二次世界大战后的资本主义经济危机问题》(辽宁人民出版社1957年版),系统地论述了马克思关于资本主义经济危机的基本理论,并且针对当时学术界的争论,着重分析了经济危机的根本原因和经济危机周期变化的问题。他坚信,只要资本主义的基本矛盾存在,资本主义经济危机就是不可避免的,只是表现的形式和特点,因条件不同而各异罢了。他强调说,我们绝不能让马克思主义和凯恩斯主义去建立什么"统一战线",更不能用凯恩斯主义去顶替马克思主义。

1958年,关梦觉在《新建设》第6、7期发表了长篇论文——《美国经济危机透视》,进一步阐述了前述著作中的观点。他的论文受到学术界的高度重视与肯定。1961年年底,辽宁人民出版社又出版了关梦觉《国家垄断资本主义与美国经济危机》一书。在书中,他结合美国战后四次经济危机,围绕其以扩军备战和国民经济军事化为中心的国家垄断资本主义的发展,从工业生产下降,工业生产能力严重过剩,失业、破产不断打破历史记录,农业危机和美元危机加深等几个方面,深刻地分析了在国家垄断资本主义占统治地位的条件下,美国战后经济危机的严重性及其发展趋势。这部著作为研究"二战"以后美国经济危机和国家垄断资本主义的发展提供了新资料,具有重要的理论价值。

在七八十年代,关梦觉花费很大精力研究了垄断资本主义经济中的一个新现象——"停滞膨胀"的问题。1981年,他应《红旗》杂志约稿,写就一篇《帝国主义经济的新痼疾——"停滞膨胀"》(发表于《红旗》1982年第4期),指出停滞膨胀是60年代、70年代出现的新现象,已经成为帝国主义经济根深蒂固的、内在的、本质的新特征了。它包括两个方面的内容:一方面是生产停滞、经济增长缓慢,并由此引起的大量失业;另一方面是长期的、严重的通货膨胀,以及由此引起的物价持续上涨。这两个方面互相融合、交织并发,或此起彼伏、恶性循环,成为垄断资本主义经济一个难以医治的新痼疾。

1982年1月1日出版的香港《经济导报》创刊55周年纪念特大号上发表了关梦觉撰写的《"停滞膨胀"与当前的资本主义经济危机》。这篇"报庆特约专文",可以看作是《红旗》刊登的那篇论文的姊妹篇。论文主要部分结合1980年从美国开始的经济危机,深入探讨了经济周期的形态变化问题。他根据联合国、美国和苏联公布的大量统计资料,对美国1980年、1981年发生的经济危机进行了分析。他认为1981年危机是1980年危机的延续,只是中间穿插了一段短暂的回升,这是80年代生产过剩危机的新的变形:危机——危机暂时中断——危机。这种新的变形是"停滞膨胀"与反"停滞膨胀"措施发挥作用的结果。根据"停滞膨胀"使经济周期出现了新的形式这一特点,他提出了"传统的周期四阶段论并不是不能改变的"新观点。1981年12月,在参加全国政协会议期间与香港《文汇报》一位记者谈话时,关梦觉也阐述了上述观点。他的访谈,作为"访经济学家关梦觉"的特稿,于1981年12月19日和20日在香港《文汇报》上连续发表。

关梦觉在长达半个世纪的时间跨度内坚持对世界经济,特别是当代资本主义经济进行研究与思考,取得了丰硕成果。他对国外资本主义经济的研究与对中国社会主义经济理论和实践的研究一样,也是紧密结合实际,不是空对空的书斋式的钻研。关梦觉的这种研究充满了对马克思主义、对中国社会主义事业的坚定信念;他始终没有忘记以一位经济理论家的敏锐,为人们冷静地思考中国与世界、社会主义与资本主义等问题提供了一种视角,绝不是为了研究世界经济而研究世界经济。

中国特色社会主义经济理论的卓越探索者

"文革"期间,关梦觉受到严重迫害。他的学术著作被诬为"大毒草",遭到无端的批判,他本人也于1969年年底被"下放"

到农村劳动。"十年浩劫"使关梦觉的身心受到严重摧残,但是他的革命精神并没有因此而衰减;他仍然坚定地忠诚于中国共产党,坚定地信仰马克思主义,坚定地走社会主义道路。1973年,他被从农村调回学校,在当时十分困难的条件下,写作了《美国跨国公司》一书。这部著作当时没能用关梦觉的名字发表,只是以"集体编写"的名义由吉林人民出版社于1975年出版。

粉碎"四人帮"以后,年过古稀的关梦觉又焕发了学术青春。他怀着治学报国、贡献余生的一片赤诚之心,在短短几年时间里,深入研究按劳分配、价值规律、经济管理体制改革等一系列重大经济理论和现实问题,在《经济研究》《世界经济》《社会科学战线》等报刊上发表了数十篇论文。这些论文记录了关梦觉在改革开放中的研究与思索。

中共十一届三中全会做出了把工作重心转移到社会主义现代化建设上来的战略决策,提出了要解决好国民经济重大比例严重失调的要求。1979年4月召开的党中央工作会议,又提出了对整个国民经济实行"调整、改革、整顿、提高"八字方针。关梦觉认真地学习了中央的路线、方针和政策,开始对经济管理体制改革问题进行深入研究。关梦觉首先在理论上把社会主义生产关系区分为两个层次,第一个层次是基本的生产关系,或者说是社会主义生产关系的本质规定,它构成社会主义经济制度的主线;第二个层次是具体的生产关系,或者说是社会主义生产关系的运用形式,即经济体制。生产关系的两个层次是矛盾统一的关系。具体的生产关系如果出现弊端,与基本生产关系不适应,就会阻碍社会生产力的发展。这正是经济体制改革的必要性所在。在此基础上,他认为,"调整、改革、整顿、提高"的方针是为了调整生产关系具体形式及经济结构,纠正比例失调,这是使经济工作由乱到治的一个必要步骤。在经济体制改革的问题上,他强调必须遵循《关于建国以来党的若干历史问题的决议》中提出的社会主义经济建设的指导方针,坚持实事求是,从国情出发,尊重客观经济规律。他认为,传统体制的弊端是计划管得太死,企业权力太小,没有发挥价值规律的作用;经济体制改革的方向,是按照社会化大生产的要求组织整个经济活动,主要采取经济办法,通过经济组织来管理经济,实行计划经济为主、市场调节为辅。

在计划与市场的关系问题上,关梦觉属于计划和市场矛盾统一论那一派。1985年7月,关梦觉在《群言》杂志上发表了《有计划商品经济问题评论》一文,认为社会主义有计划的商品经济是计划经济与商品经济的矛盾统一体,其统一的一面在于相互依存,计划经济离开商品经济必然把国民经济搞死;使商品经济离开计划经济,必然把国民经济搞乱。其矛盾的一面是商品经济有盲目倾向,与计划经济有矛盾。在这个矛盾统一体中,计划经济是矛盾的主要方面,是起主导作用的。1988年,关梦觉在其主编的《社会主义政治经济学研究》(上海人民出版社出版)一书中指出:对商品经济要坚持两点论,一方面,从某种意义上说,在存在商品生产与商品交换的条件下,商品经济的发展是社会生产力发展的一种标志。另一方面,不要把商品经济神化,"把它说得神乎其神、法力无边",鼓吹"金钱万能"、"一切向钱看"。"商品拜物教"和它的两个孪生兄弟——"货币拜物教"和"资本拜物教","如果泛滥成灾,不仅会搅乱了有计划的商品经济,而且会干扰我们的社会主义方向"。与这种认识有关,关梦觉在同一著作中冷静地写到:指令性计划是计划经济的一种重要的具体形式,在改革中不宜完全取消,从数量上看,它的范围将逐渐缩小,但从重要性上说,它却是整个计划体系的核心和基础,如"秤砣虽小可压千斤"一样,在调控国民经济运行中具有不可替代的强制性和实效性。在今天看来,这些认识似乎与改革总的走势存在着若干差异,但从加强市场经济条件下国家有效宏观调控的角度来理解,这些观点仍属于对社会主义市场经济条件下计划与市场关系的理性而科学的认识。

价格体制改革是我国 80 年代各项改革中最引人注目的。针对当时我国"短缺"的大环境,关梦觉认为价格改革要以价值或生产价格为标准理顺价格体系,实行"调、放、管"结合,对供求关系的变化只能有限度、有控制地加以利用,不能让它在价格形成中占主导地位,不能把价值和供求关系并列,形成两个标准。在价格改革初期,要以"调"为主,"放"、"管"相结合,不能过分地强调"放",认为一"放"就灵,可以自发地形成合理的价格体系。他认为这种认识"是一种迷信"。联系当时我国宏观经济运行状态,这种看法无疑是正确的。我们不能用今天"供大于求"的市场环境来评判在特定历史条件下形成的经济判断。

关梦觉对马克思主义,以及由中国共产党领导的社会主义抱有坚定的信念。在经济体制改革中,他始终强调要坚持公有制的主体地位。1984 年,在中共十二届三中全会之前,他组织吉林省经济学者研究中国经济体制改革理论。十二届三中全会

《决定》发表后,他主编了《经济体制改革理论探讨》一书,由《光明日报》出版社于1984年12月出版,在社会上产生了很大影响。他认为,改革是推动生产力发展的强大动力,改革要坚持社会主义方向,发展生产力,要坚持社会主义道路。他强调,解放思想,开拓创新应该有两个前提:一是坚持四项基本原则,特别是坚持马克思主义,在坚持马克思主义的轨道上前进;二是实事求是,一切从实际出发,真正把马克思主义同中国实际结合起来。以上两条是统一不可分的。离开前者就要走到邪路上去;离开后者就要陷入主观主义、教条主义。他强调,坚持马克思主义而不固守,要在前人科学成果的基础上有所前进。针对当时社会上出现的食洋不化、轻视乃至全盘否定马克思主义政治经济学的错误思潮,他在《人民政协报》(1989年7月4日)上著文《张我国魂,振兴中华》,大声疾呼:"今天我们搞改革,搞四化建设,同样需要马列主义这个精神支柱,同样需要马列主义这个国魂,其中包括四项基本原则,包括社会主义的爱国主义。""如果在中国大地上,邪说蓬兴、谬种流传,马列主义反而遭到压抑,淹没不彰,甚至把西方那一套思想体系,全盘搬到中国来,生吞活剥,削足适履,以致动摇了我们的精神支柱,冲击了我们的国魂,涣散了我们的人心,这会给改革和建设带来多么严重的威胁!"

关梦觉先生对于学术研究,不是关在书斋中做学问,而是直面实践的呼唤,在广阔的学术领域中纵横驰骋。他的著述始终有一个主线,即对马克思主义和党领导的社会主义事业的忠贞信念。他的一生历经磨难,但对国家、民族,特别是对中共领导的社会主义事业一直坚信不疑。1990年1月26日,关梦觉在长春溘然长逝。在病中,他还写就了《公有制是社会主义不可动摇的经济基础》(《经济纵横》,1990年第3期),论证在当代中国,"私有化的悲剧不容重演"。这是他留给后人的最后的遗作,体现了他毕生忠于马克思列宁主义,忠于中国共产党领导的社会主义的高洁清风。

(谢地:辽宁大学经济学院院长,教授,博士生导师。)

中秋佳节思亲人

——怀念敬爱的关老

靳宝兰

今天是2015年中秋节。古人云,"每逢佳节倍思亲"。遥望一轮冰清玉洁的明月,我的眼前浮现起一个亲切的身影。他,就是我终生崇敬的老师、慈父般的长者——关梦觉先生。

关梦觉先生是我国著名的经济学家、教育家。关老毕生追求真理、勤奋治学,为坚持和发展马克思主义经济学理论及高等教育做出了卓越的贡献。

1960年,我从中国人民大学法律系毕业分配到吉林大学经济系任教。刚刚大学毕业的我,对高等教育一点也不懂,可谓一张白纸。在大学所学的专业是法律,而所承担的教学任务是政治经济学的资本主义和社会主义两部分的教学辅导。对如何完成这样高难度的教学任务,真是毫无信心。当关老了解到我的情况后,他以一位长者、领导和导师的身份找我长谈了一次。他在谈话中没有嫌弃我年轻、无知,而是极其耐心地对我进行帮助、指导。他细致地以章、节为例,就如何备课、如何上讲台、如

本文作者靳宝兰(左四)在关梦觉教授铜像揭幕仪式上。左五为吉林大学经济学院院长李俊江,左二为杜重远女儿杜丽英。

何同学生交流互动等,手把手地教我怎么做一名教师。现在回忆起来,还是不敢想象,一位全国著名的大学者,一位系领导,对一个刚从大学毕业的年轻教师竟会如此耐心、细微地指导和帮助。对我来讲,刚步入社会,就遇到这么一位好导师、好领导,像父亲一样的长者,真正是我一生的幸福,难得的幸运!

其实我的一家和关老一家的关系,还不仅仅是领导和被领导的一般师生关系,更进一步追索,应该是三代的关系。说来也巧,我的父亲时任吉林省委宣传部副部长、科委主任等职,负责吉林省的科学教育工作,因此和关老有着工作上的交往。更为巧幸的是,我父亲曾参与吉林省民盟的工作,因而与关老又成了同事,诸方面的联系更加紧密。1986年我调至北京工作之后,关老的儿女与我的三个孩子继续保持着联系,代代关系甚密。

1983年,关老身体欠佳,需要到北京检查和治疗。当时学校党委和系领导十分重视,经多次反复研究并考虑到关老的个人意愿,派我陪同关老赴北京检查身体。

在北京的这段时间里,我与关老接触很多,关系更加亲近。老人家每天都细心地照顾我的生活起居,到了无微不至的程度,以至于让外人看来真不知道谁是病人，谁是陪同！关老在北京住了近一个月的时间，除了去医院看病和检查身体外，还要参加民盟中央的工作会议和拜访亲朋好友。有意思的是，当有关领导和朋友向关老询问我是谁的时候，老人家总是开玩笑地说："这是我女儿呀！"弄得我在场特不好意思。

事实上关老平时对我的帮助和教育也确实像对亲生女儿一样。当我做错事、犯错误的时候，老人家会很严格地批评教育我。记忆最深刻的一次是在1985年年末，我即将调离吉大经济系到中国人民公安大学任教，系里师生召开欢送会，我因个人情绪问题，就拒绝参加。关老知道这种情况后，非常生气，马上打电话叫我到他家里去。我和关老一起工作20多年，还是第一次看到他那么严肃、生气。他极其严厉地指出："你面对各种矛盾，不能正确对待不同意见，不顾群众影响，这么大年纪，还那么任性！"对于关老的批评我无言以对，只能承认错误，乖乖地随着他老人家一起参加了师生的欢送会，为我在吉大经济系26年的工作画上了一个完美的句号。

关老在吉林大学以及经济系享有极高的威望。他待人和气，平易近人，没有架子，不论对待教师、学生还是一般工作人员，均能做到一视同仁，在师生中留下了极深刻的印象。在"文化大革命"中，关老被污蔑为"叛徒""反动学术权威"，蒙受了各种委屈和欺辱，但他对党和国家依然无限忠诚，无怨无悔，从不抱怨。"文革"后，对曾经对他有过一些过激行为的教师和学生，关老从不记恨，他能理解并原谅一些年轻人因一时无知、激动而犯的过错，与大家和睦相处。

随着我调离吉大经济系,和关老的接触逐渐少了,只有当关老到北京开会办事时,才偶尔见上一面。1990年1月26日,突然获悉关老因病在长春与世长辞的消息,我悲痛万分。当时我正在国外探亲,无法赴长春奔丧与关老见上最后一面,时至今日都为此事而抱憾。在以后的日子里,我想尽办法克服一切困难,只要是有关他老人家的纪念活动,都亲自前往长春参加,以此弥补之前的缺憾。2015年7月25日我去长春开会,专程去吉大关老的纪念碑前拜谒了老人家。

对亲人的思念是永久的、无限的,绵绵而无尽期。我与关老虽然没有血缘关系,但是胜似血缘亲人。我永远忘不了他老人家的无私教诲和恩情。正当中秋之夜,月圆之时,回想往事,思念亲人,又一个难以忘怀的不眠之夜……

(靳宝兰:曾任吉林大学经济系党总支副书记,教授,现中国人民公安大学教授。)

追思先贤　铭记教诲　以奋余年
——纪念我的老师关梦觉先生

郑 彪

关梦觉先生是中国民主同盟领导人之一,也是著名的马克思主义经济学家。我们知道,习近平总书记特别重视"依靠学习走向未来",他强调,"首先,要认真学习马克思主义理论,这是我们做好一切工作的看家本领。要通过坚持不懈的学习,学会运用马克思主义立场、观点、方法观察和解决问题,坚定理想信念,带领人民走对路"。他还指出:"要正确把握学习的方向。忽视了马克思主义所指引的方向,学习就容易陷入盲目状态甚至误入歧途,就容易在错综复杂的形势中无所适从,就难以抵御各种错误思潮。"习总书记的这番话非常重要,也有很强的现实针对性。今天,民盟中央和群言出版社组织编写关梦觉先生纪念文集,更加凸显了纪念关梦觉先生的现实意义。

我在1984年至1989年师从先生攻读博士学位,蒙先生悉心指导,教诲良多,受恩深重。早在改革初期理论风云激荡的1986年,先生就谆谆告诫我们:"要解放思想,要独立思考,不要跟着

1988年,关梦觉教授在家中书房与科研助手潘石(左一)、博士生郑彪(左二)等人讨论学术问题

跑,不要上西方的当。"这两句话,分量很重,我至今记忆犹深,也可以说受益终身。故此番约稿,不比寻常,倍感压力和责任。乃更加郑重其事,燃起心香,写作此文,以为纪念,私心也以或能报师恩于万一为幸。

我所了解的关梦觉先生

关梦觉先生(1913—1990),是我国老一代著名经济学家和著名爱国民主人士。"九一八"事变发生后,他投笔从戎,从此便追随中国共产党,终生不渝。他的学术活动和社会活动经历了半个多世纪,跨越了包括抗日战争、解放战争和新中国建国以来直到改革开放前期12个春秋的各个重要历史时期,在学术界和社会上都有广泛影响,并享有很高的声誉。在抗战期间,先生曾任著名进步杂志《时与潮》的主笔,发表了许多有积极影响的文章。二十世纪五六十年代,先生的文章经常见诸于《红旗》杂志、《经济研究》等重要刊物,影响很大,因此,先生受到了毛泽东主席的接见。先生晚年,在整个80年代,适逢改革开放这场伟大的社会变革,他仍能自觉地站在时代前沿,身先士卒且带领学术团队,旗帜鲜明地坚持马克思主义立场,坚定不移地拥护改革开放。他不顾个人得失,顶住压力,提出了许多既符合马克思主义基本原理,又符合中国国情的正确观点和政策建议,表现出一个著名爱国人士和马克思主义经济学家应有的品格,也保持了革命晚节。这方面可以举两个突出的事例:

一是80年代初,随着经济改革的重点转向城市,我国经济改革的复杂性、艰巨性日益显现,在改革的方向、思路、措施和政策等问题上出现了一些不同观点。关梦觉先生于1984年4月出版了《陈云同志的经济思想》一书,这本小册子虽然主要阐述了陈云同志的经济思想,但是也表明了作者对经济改革的倾向和观点,这时正值党的十二届三中全会通过《关于经济体制改革的决定》(以下简称《决定》)前夕。众所周知,解放后30年的国家经济建设以及改革开放的丰富实践,证明陈云同志许多卓越的经济思想是正确的、深刻的,前不久中央隆重纪念陈云同志诞辰100周年,充分肯定了陈云同志在经济理论和实践中的卓越建树。

另一个突出事例,就是《决定》提出"社会主义经济是有计划的商品经济"这一重要论断之后,当时经济界受到西方经济学理论影响很大,在改革的基本思路和"整体设计"的认识上,出现了忽视乃至实际上否认社会主义经济的本质属性有"计划性"一面的倾向,经济改革特别是价格改革的实践也出现了不小的偏差。关梦觉先生以其特殊的政治敏感和理论勇气,发表了《有关"七·五"计划中的几个重大理论问题》,明确提出关于经济体制改革,"应当把坚持社会主义道路单列一条,摆在认识问题的首位"。最近,习近平总书记在新进中央委员会的委员、候补委员学习贯彻党的十八大精神研讨班上的讲话中指出:"我们党始终强调,中国特色社会主义,既坚持了科学社会主义根本原则,又根据时代条件赋予其鲜明的特色。这就是说,中国特色社会主义是社会主义,不是别的什么主义。"实际上,习总书记的讲话正是把坚持社会主义道路"单列一条",摆在了全党对改革认识的首位。在当时条件下,关梦觉先生的文章产生了很大影响,也为他带来不小的政治压力。但先生坚持真理,不为所动,实践了自己"丹心永在奋余年"的心志。

联系到关梦觉先生追随中国共产党奋斗的一生,说先生在晚年以此写出了他追随革命的、人称"过五关斩六将"的丰富多彩的人生经历中亮丽的一笔,应不是夸大其辞。

关梦觉先生究竟是怎样一个人?根据我多年近距离的观察和理解,总体上他是个党外政治家兼著名马克思主义经济学家,也可说是学者型党外政治家。首先,从精神世界和文化上说,他是一个具有儒家气质的马列主义者。他受中华优秀传统文化影响,国学功底深厚,儒家修齐治平和大同的道统思想与对共产主义理想的追求在他身上统一起来,对他一生产生了深刻影响。他追求正义,勇于报国,抗战枪响,他就投笔从戎,时年才18岁。不久就追随共产党,终其一生,不仅没有改变,晚年即改革开放以后,更有突出的亮点。能够保持晚节,很不容易。这方面社会上知道的人不多,宣传得也不够,其改革开放时期论著的价值更需要重新认识。其次,他又是革命者、党外政治家,政治上是真正的"党外共产党人"兼经济学家。再次,正因为前两点,他有极其丰富的革命斗争阅历和深厚的学问功底和社会实践功底,做学问脚底下有很深的根基,政治上有坚定明确的方向,脑子里时刻清醒,从不糊涂,不管刮什么风,也不管风有多大,都能够自觉地和坚定不移地坚持马列主义,坚持民族主义和爱国主义。这一点,特别难能可贵。最后,前面三点贯穿其一生,证明他具有高尚的理想、坚定的信念和崇高的人格,是一个时刻保持清醒政治头脑和正确政治方向的了不起的真正的学者。"高山仰止,景行行止,虽不能至,心向往之。"这样的学者,今天特别值得我们后学追随,作为楷模。

再简单地说一说他的学术。先生追随共产党抗日、救国并勤奋治学一生。解放后他社会兼职很多,但始终坚持治学为主。他的著述很多,主要研究的学科领域是政治经济学和世界经济。他的研究视野广阔,根基深厚,高屋建瓴,难以企及。他在这两个领域的研究,相互促进,始终坚持马列主义的轨道,都达到了相当的高度,很早就引起学术界的普遍重视。先生晚年正值改革开放,特别是1984年以后,他重点研究社会主义与商品经济(后来叫"市场经济")之间的辩证关系问题。他的基本思想和理念,经济学界的老同志都很熟悉,就是坚持认为,在我国社会主义初级阶段需要发展和完善商品经济,但是发展商品经济必须坚持社会主义方向,而不是走资本主义道路。他对这个重大问题的研究是高屋建瓴的,又不是停留在口号上,也不是仅仅停留在基本理论层面,而是深入到诸如所有制、经济发展速度、宏观调控、价格改革等问题的实践层面,故有较强的说服力和预见性。

纪念和学习关梦觉先生具有重要的现实意义

党的十八大以来,在以习近平为总书记的党中央坚强领导下,党和国家的各项事业包括意识形态领域,都发生了一系列举世瞩目的重要的积极变化。历史进入了一个崭新的时期,正如习近平总书记所指出的:"站在九百六十万平方公里的广袤土地上,吸吮着中华民族漫长奋斗积累的文化养分,拥有十三亿中国人民聚合的磅礴之力,我们走自己的道路,具有无比广阔的舞台,具有无比深厚的历史底蕴,具有无比强大的前进动力。"当下,纪念和学习关梦觉先生具有重要的现实意义。

纪念和学习关梦觉先生最好的方式,就是继承先生的遗志,弘扬先生的学术,古语叫"弘道扬正",时下流行叫"正能量"。这方面要学习的很多,这里只强调讲三点:

第一,高远的理想和高尚的人格。关梦觉先生毕生的追求,无论在任何条件下,都能够始至不渝,根本原因在于他有高远的政治理想和坚定的信念。他一生追随共产党,就是为了救亡图存,复兴中华,现在叫"中国梦"。这在旧中国,就要不避斧钺,舍生忘死,极不容易,没有高远的政治理想和坚定的信念,断无可能。同理,坚持一辈子不动摇,包括改革开放前的三十年,坚守信念而始终如一地坚持马列主义和坚持社会主义道路,也相当不容易。改革开放30年,关梦觉先生赶上12年,经历了80年代改革开放的浪潮。对后30年来说,中国社会何去何从,80年代是一个关节点;党的十八大以来,则又到了一个关节点。现在中国真正找到了"自己的道路",正在努力奋斗去实现中华民族伟大复兴的"中国梦",最需要的,就是重新扬起理想的风帆,高举起主义的旗帜,以聚合党和人民群众。而学者在其中,担负着特殊的光荣使命。所以,现在纪念和学习关梦觉先生,有特殊重要的意义。

勇于担当。现在都说责任感,其实这不是一个很高的要求,或说是一个干部和知识分子起码的要求。政治经济学是一门党性、阶级性极高的学科,具体说,它首先是管方向、道路的。干这个事业,需要有真才实学,更需要有担当。在中国历史的重要关头,历来有仁人志士出头,勇于为国家民族担当,这是中华民族几千年不灭的一个重要原因。关梦觉先生与他那个时代许多其他先进知识分子一起,为我们树立了榜样。

第二,旗帜鲜明地坚持马列主义、毛泽东思想。政治与学术不可分,也分不了。中华优秀传统之一,就是以学术参与政治,干预政治,甚至引领政治,这一点,以汉代以来的儒学最为鲜明。落实到学者,就是几千年士农工商的四民社会中,对士有特殊的要求和担当。20世纪以来,特别是"五四运动"近百年以来,一个主流是政治统帅学术,学术服务于救亡图存,服从于革命、建设和改革,服务于实现复兴中华中国梦。关梦觉先生生于1913年,他多次说:"我们在大学里学的都是西方经济学,甚至课本也用英文原著,哪有马克思主义?那都是自学的,我在1931年才开始接触一点马克思主义的经济理论。"他从自学马克思主义,到追随共产党从事革命建设和改革,逐步弄懂弄通马克思主义,并自觉地将其作为斗争武器、看家本领。以研究对象为例,西方经济学认为是研究资源配置,这是抽去了生产关系和阶级斗争,经济学没了灵魂,也没有时空,这种做法,有利于垄断资本。关梦觉坚持政治经济学是研究生产关系,反对所谓生产力经济学,认为取消了政治经济学很危险。学术和学者为什么人的问题,今天这个问题仍然很大,也正如毛泽东在《延安文艺座谈会上的讲话》中所说,仍是一个根本的问题。历史再次证明,政治是统帅,是灵魂,是一切工作的生命线。对学术工作来说,这个问题历来有争议,但学术至少要为中国,而不是为外国、为美国服务。传统学术讲道,孔孟之道不光是封建礼教,还讲修齐治平,今天的话叫中华复兴,中国梦。韩愈讲"文以载道",今天的话就是政治挂帅,关键看什么政治。文以载道,在不同学科,可能有差别,但是对政治经济学来说,历史证明,无可争议。这是政治经济学学科性质决定的,否则就等于取消了这门学科,事实上一个时期以来在许多学校和在很大程度上已经取消了,结果是学术的方向、道路出了问题。讲政治经济学而回避生产关系、剩余价值、阶级斗争这些范畴,便会顿时失去其科学性和说服力;相反,旗帜鲜明地联系和干预国际国内现实生活,对今天的学生仍会有很强的吸引力和说服力。

第三,坚持中国立场,弘扬传统文化,坚持开创哲学社会科学的中国学派。经济学经邦济世,要把握方向道路,最根本的就是要建立中国学术、中国学派、中国风格的哲学社会科学。我曾经提出，毛泽东作为马克思主义中国化的开创者和奠基人，也就是20世纪中国哲学社会科学学派的开创者和奠基人。20世纪的许多中国学人，包括追随马列主义的如关梦觉先生那一代学人，也包括许多坚持民族主义立场和优秀传统文化的优秀学人，他们实际上都为开创中国学派以解决中国问题，实现中华复兴开辟道路，做出了那一代人的贡献。今天中央再次强调中国"走自己的路"，我认为，学术研究也要"走自己的路"，唯如此，方能实现中华文明的复兴，方能为中华民族复兴建树一个精神的至高点。但这个问题太大，这里不能细论，只讲科研选题。关梦觉先生一个突出的学术特点是专门选择重大理论和实践问题，不避风险。这既是他一贯的风格，更是其晚年学术和人生的一大亮点。所谓"梅花晚节香"，做起来并不那么容易。今天有必要加以强调、宣传、教育和激励后学。

正因为有上述三方面的统一，加以他的阅历，关梦觉先生拥有很高的学术和社会地位，所到之处，有很大的气场，不是虚名，而是实至名归。这是我亲眼所见。"居高声自远，不是藉秋风。"先生的成就和影响，包括丰富的阅历，都是后学难以企及的。但是，达到如此高度，绝不是因为身份高，而主要是追求高、人格高、学问高、见解高。人为什么活着？怎样的人生才更有意义？更有价值？这个问题，在升平年代和战乱年代，人们的认识和选择往往是很不一样的。

昔东坡先生曰："轼总角时闻范公名，即疑为天人。焉敢妄加论著？第得挂名文字中，自附门下士之末，则深幸矣。"20世纪60年代后期，我读初中，喜欢文史，常翻书报，对梦觉先生已经得闻大名,如雷贯耳,说"疑为天人"也不为过。本科毕业前后那几年,发表了一些文章,得以混迹学界,"第得挂名文字中"。更得先生错爱,"自附门下之士",攻读博士学位,一读就是五年。师门5年,取得真经,最是终身受益的,即1987年先生的亲口教诲:"要解放思想,要独立思考;不要跟着跑,不要上西方的当。"何谓"解放思想"?先生曾明确指出其前提,乃是沿着马列主义的轨道,否则必然迷失方向,走错了路。每每回想起来,真金玉良言。东坡又曰:"人不可以苟富贵,亦不可以徒贫贱。有大贤焉而为其徒,则以足恃矣!苟其侥一时之幸,从车骑数十人,使闾巷小民聚观而赞叹之,亦何以易此乐也。"千载之下,虽曰市场经济,然中国终归还是中国,所幸中华优秀传统正在回归,"有大贤焉而为其徒",自觉仍可以"足恃",并铭记先生教诲,以奋余年;另一方面,士林亦当仍存此一乐,当然,时下更亟需弘扬民族大义,以实现中华复兴中国梦,此之谓"正能量"。

  多年来,我自称谨慎乐观派。历史地看,无论世界还是中国,一个新的时代开始了。党的十八大特别是三中、四中全会以后,虽然在国内外实现中华复兴中国梦的伟大历史使命仍然复杂而艰巨,但总的来说,形势已经开始根本好转。国家民族的未来,应是治平可期,复兴有望。相信这是关梦觉先生临终最为挂心的。先生可以安息了。

  (郑彪:知名学者,研究员,经济学博士。1984年—1989年师从关梦觉先生攻读博士学位。)

弘扬马列　风范长存
——深切缅怀吉林大学经济学科重要奠基人关梦觉教授

李俊江

关梦觉教授是我国当代著名经济学家、教育家,历任东北人民政府监察委员,吉林大学经济系主任、教授,吉林省社会科学院副院长,民盟中央副主席。曾任中国世界经济学会、中国《资本论》研究会副会长。

关梦觉教授早在20世纪30年代就从事经济研究,是中国经济科学的开拓者之一。新中国成立后,关梦觉教授坚持马克思主义基本原理同中国实际相结合,致力于社会主义建设道路和经济规律的研究。先后在《经济研究》《红旗》《吉林大学社会科学学报》《新建设》等刊物上发表大量论文,并出版了《关于社会主义制度下的商品生产和价值规律问题》《第二次世界大战后的资本主义经济危机问题》等多部著作。"文革"时期,他受到严重的迫害和不公正的待遇。即使是在下放农村劳动期间,仍然坚持学习马列主义、毛泽东思想,关心国家和世界大事,继续搞学术研究，注意搜集和积累有关的资料。1973年，返回学校，撰写《美国跨国公司》书稿，并于1975年4月由吉林人民出版社出版。这是国内第一本系统阐述美国跨国公司的专著。

粉碎"四人帮"以后，年过花甲的关梦觉教授怀着为四化建设"奋余年"的一颗丹心，加紧吉林大学经济系、经济管理学院建设，出任校学术委员会副主任、吉林省社会科学院副院长，并任吉林省政协副主席、民盟吉林省主任委员、全国政协常委、民盟中央副主席，兼任中国《资本论》研究会副会长、中国世界经济学会副理事长、国务院学位委员会经济学科评议组成员，是国务院学位委员会评聘的首批博士生导师。

关梦觉教授在学术上始终坚持以马克思主义为指导。尤其是中共十一届三中全会以后，他面向社会主义现代化建设和改革开放的实践，就国家工作重心的战略转移、建设有中国特色社会主义、有计划的商品经济、经济体制改革的思路等重大理论和现实问题，不断进行探索与创新。先后发表和出版了大量的学术论文与著作。学术论文主要有：《关于经济管理体制改革的几个问题》《马克思的再生产理论与我国的社会主义现代化经济建设》；代表性著作有：《政治经济学疑难问题探讨》《陈云同志的经济思想》《经济体制改革理论探讨》《社会主义政治经济学研究》《社会主义经济体制比较通论》等。这些论文和著作在学界产生了广泛的影响，同时也扩大了吉林大学经济学科在国内的影响力，更奠定了吉林大学经济学科在国内的学术地位。

关梦觉教授不仅勤于治学，成果卓著，而且在教书育人上，更是为人师表，诲人不倦。在经济系、经济管理学院，他除了培养攻读硕士学位和博士学位的研究生以外,还开设马克思主义经济理论专题讲座,培养和提高师生们的科学研究能力。关梦觉教授为国家培养了一大批经济建设的高级专门人才,为我国的教育事业做出了重要贡献。

纵观关梦觉教授的研究和教学生涯,关老之所以能在经济学研究领域里取得显著的成就,根本原因在于他始终坚持两条治学原则:第一条是必须坚持马克思主义的基本原则。他认为,离开了这一条,就要走到邪路上去。第二条是必须在坚持马克思主义基本原则的指导下,从实际出发,解放思想,开拓创新,敢于提出独立见解。他认为,没有这一条,就要陷于教条主义,思想僵化。

此次出版关梦觉纪念文集具有重要的意义,不仅在于缅怀关梦觉教授高尚的师德和非凡的学术历程,回顾关梦觉教授辉煌的学术业绩和教育成果,更在于学习关老的独立之学术精神,博大之教育风范。以学术意义而言,关梦觉先生作为我国经济学科的开拓者之一,通过回顾先生的学术历程,可以为展示和洞悉当代中国经济学的发展历程和脉络,反思和透析当代中国经济学定位、历程和走向提供一个可资镜鉴的典范。更为重要的是,吉林大学经济学科的发展离不开关梦觉先生这样的探索者和奠基者曾经的努力,也更需要我们后来人和接班人的不懈努力。通过对前辈学人的缅怀,真正意义在于厘学术谱系、循巨人启示、承学术精神、传前辈道统、续学术宏章。

(李俊江:吉林大学经济学院院长,教授,博士生导师。)

绝顶凌风追思长

——怀念关梦觉先生

杨安娣

余生也晚,无缘得见先生尊容,未能聆听先生教诲,抱憾之至。但先生的思想汗青留香,与世共存。

先生曾经说过:"坚持中国共产党的领导,是民主党派的生命线。"谆谆话语,是一个经历了我国现代最重要历史阶段的学人,对社会主义民主政治的本质认识;是一个与中共亲密合作、为强国富民奋斗一生的经济学家、社会活动家对我国政治生活的深刻总结。这看似质朴的语言,却把民主党派所肩负的政治责任和历史使命表达得既贴切又透彻。言为心之声,行为心之果,先生知行合一,以其坚定的信念、执着的追求,始终与共产党人一道,共同经受了严峻的考验,共同经历了历史的曲折,也共同迎接了崭新的时代。

先生是当代著名的经济学家和教育家。他始终以睿智的目光和高度的责任感,审视经济现象中蕴含的社会本质意义,揭示经济运行与政治问题的关系,阐释经济规律与社会变迁的关联。

先生高瞻远瞩，不断提出被历史发展证明了的论断。

在抗战时期，先生从经济学角度，撰写篇篇檄文，击中了日本军国主义穷兵黩武的要害，极大地唤起中国人民的抗日决心。在此期间，先生还深入河南、陕西等地，开展农村、手工业经济调查，揭露了日寇对华经济侵略与掠夺的罪行，以及国统区民生调敝的惨景。

社会主义建设时期，先生凭借着"丹心永在奋余年"的精神，对社会主义政治经济学和我国经济发展面临的一系列重大理论实践问题进行了富有针对性和创造性的探索，许多观点卓有见地。这不仅是唯物主义的治学态度，更是中华传统士人精神的现实体现，是党际关系同心同德的真实表达，是学者对社会和民生深情的人文关怀。

先生从政的风骨、治学的风范、做人的风格、处世的风度，都已形成民盟精神的一部分，作为民盟的宝贵财富得以代际承续、薪火相传。我们纪念先生，就是要以实际行动深切悼念和缅怀先生光辉的一生，继承先生与中国共产党亲密合作、风雨同舟的光荣传统，学习发扬先生为民族解放、民族振兴和国家富强执着追求、不懈奋斗的高尚品格和志在富民、无私奉献的崇高精神。

如今，吉林省广大盟员正沿着前辈的足迹，在中共十八届三中、四中全会精神指引下，努力提高履职能力和水平，为建设美好吉林贡献聪明才智。

先生九天有知，亦当笑感欣慰！

（杨安娣：民盟吉林省委主委。）

松柏老而健　芝兰清且香
——关梦觉先生访谈

张　釜

晃然,关梦觉老先生离开我们已经26年了。1989年秋,为庆祝新中国成立40周年,我拜访了老先生并写下了这篇访谈。关老审阅了文稿,亲笔作了订正并写下了"写得很好,愧不敢当"的评语。未料第二年的春天,老先生便故去了。据了解,这是老先生亲自过目的唯一一篇记叙其个人生平的文字,具有较强的史料价值。现把这篇文稿发表出来,以表达对民盟前辈关梦觉先生的景仰缅怀之情。

拜访民盟的领导人、海内外知名的经济学家、我国著名的民主人士关梦觉先生,心中不免忐忑。未料电话接通,老人家欣然应允。遵约,按时揿动了门铃,叽叽喳喳,跑出来两个小孩子。我以为找错了门,忙问:"这家姓关吗?""姓!"旋听小男孩冲屋内大声喊道:"姥爷来人啦!""请进,请进,我这儿正等你们呢。"关老走出来,笑容可掬地把我们让进了客厅。进屋落座,两个孩子在隔壁房间吵吵嚷嚷,老人家出去了两次,这才将他们弹压住。

回来笑着说:"没办法,一个小外孙,还领个同学来,说是写作业,闹得你昏头胀脑。"

客厅里很干净。左边墙上挂着关老夫人的遗像。是啊,一晃老夫人已经逝去半年多了。沙发后面是一排大书柜,里面一摞一摞装满了线装书。正中的一个隔层里,紫色金丝绒罩着一个黑匣子,我猜一定是老夫人的骨灰盒。对面墙上挂着三轴字画。一幅是"百寿图",一幅是"百福图",还有一幅是民盟中央王健同志的手笔,写的是"松柏老而健,芝兰清且香"。关老边说话,边给我们倒茶。他告诉我们,现在和女儿住在一起,还有个亲戚在帮他照料日常生活。从老人整齐的衣着和雪白的衬衣上看,他们对老人的照料是很周到的。

关老对我们《长春盟讯》办国庆专刊及节前对盟内10位老同志的拜访,表示支持。他认为这很有意义,可以对全市盟员进行一次民盟光荣革命传统教育。接着他向我们讲述了他那紧扣中国现代史脉搏的不同寻常的经历。

1929年,一位16岁的孩子,在北满考区的哈尔滨以第一名的成绩考入了东北大学经济系,当时使监考人员都为之震惊。这个孩子,就是出身于贫寒之家的吉林省怀德县的考生关梦觉。入学后,关老拼命读书,力争第一,希望日后能公费留学。果然,到1931年上半年,年龄最小的他,在班里成绩最好。但紧接着就发生了震惊中外的"九一八"事变。沈阳沦陷,学校停课了,关老只好回家乡教书。翌年5月,东北大学迁校北平,关老才回校继续读书,直至1933年暑期毕业。

毕业后,他到外交月报社做编辑。1937年5月,东北籍志士仁人和进步学生在北平成立了"东北救亡总会"（以下简称"东总"），关老被选为宣传部副部长，部长就是后来当过中共吉林省省委书记的于毅夫。"七七"事变后，北平又遭沦陷。混乱中，关老奔天津、赴济南，满腔热血，一心救国，但苦于无处投奔。彷徨中得知同乡马占山将军在绥远组织了"东北挺进军"，由杜重远介绍徐寿轩、栗又文等同志都聚其麾下，邹大鹏同志与马将军有旧，也到那里去当军械处长，实际上是做共产党的工作。于是关老毅然离开山东，辗转经郑州、太原、大同，最后在丰镇找到了马将军，被委任为秘书处少校秘书。但战局不利，挺进军没有挺进，反而一直后撤，到1937年冬已退到了绥西五原，还要后退到黄河以南。同年底，关老随栗又文同志押送马占山的电台和汽车过黄河、走宁夏、转陕北，一路上饱经风霜，备尝艰苦。此时，他已明显看出马占山部由于成份复杂，内部腐败，在抗战上已无多大作为了。此时，获悉"东总"已经由北平转南京，到了武汉，关老和栗又文遂携手南下直奔武汉三镇。关老留在武汉，栗又文同志由党派遣，返回挺进军工作。

这时，"东总"在刘澜波、高崇民、阎宝航、于毅夫等同志的领导下，正在轰轰烈烈地开展抗日救亡运动。关老到后，便任副主编，主持"东总"机关刊物《反攻》半月刊的编辑工作。这份代表东北进步人士呼声的刊物，一直出刊到1945年"八一五"日寇投降，在抗战中发挥了重要作用。1938年5月，郭沫若在武汉组建了政治部第三厅，任厅长，聚集了一批文化艺术界的进步人士。关老被介绍到胡愈之任处长的五处一科作中校科员。后因国民党限制三厅的活动，关老感到不能发挥作用，便于8月份辞职，继续到"东总"工作。

1938年10月,武汉大撤退。关老与钱俊瑞、胡绳、臧克家、姚雪垠、曹荻秋等人参加了当时在政治上比较开明的李宗仁系第五战区的文化工作委员会,积极做抗战救亡的宣传工作。1939年年初,由于蒋介石的干预,文委会被解散,关老转到第五战区军官团当教官,在草店继续做抗日救亡的宣传鼓动工作,因给学员讲授毛泽东的《论持久战》,被特务告发而解职。同年4月去"东总"陕西分会,5月到重庆,继续任"东总"宣传部副部长,并任国际问题翻译杂志《时与潮》编辑。这个杂志逐步向左转,宣传抗战、民主、进步,每期发行达一万份以上。1941年"皖南事变"后,重庆掀起反共高潮,时与潮杂志社被东北国民党CC头子齐世英强行接收。关老被列入重庆国民党特务准备逮捕的黑名单内。在八路军办事处的指导和资助下,关老一家人逃离重庆,转赴河南。

1941年4月,关老到了洛阳,在中国工业合作协会晋豫区办事处任经济研究所所长。因他当时有些名气,10月便被河南大学聘为经济系副教授。1942年年底,他离开河南到西安,任国民参政会经济建设策进会西北区办事处总干事。后被陕西商业专科学校聘为教授,一直任教到1946年。当时的关老年仅29岁。

1945年,经杜斌丞、杨明轩介绍,关老在西安加入了中国民主同盟,任西北总支部常委、宣传部副部长,兼西北总支部的机关报《秦风工商日报(联合版)》主笔。他每隔一天为该报写一篇社论。该报是当时西北最有影响的进步报纸,因而也成了国民党特务的眼中钉。1946年春,西安掀起了反共高潮,是年5月报纸就被查封了。早在4月20日,关老即在杜斌丞的支持帮助下,动身返回东北解放区。但国民党早就对关老恨之入骨,怎么能轻易放走他呢?果然,一个特务外加一名警官跟踪关老上了由西安到陕州的火车,欲到陕州时在混乱中杀害他。幸而火车异常拥挤,在后节车厢里的特务,进不了关老乘座的车厢,只能在停车的时候,到月台上巡逻,监视他的动向。由于停车后开车不准时,几站下去,特务有些麻痹,并注意到关老并未发现他们。其实上车时,关老就已知身处险境了,不过情急中十分镇定。车到临潼,关老抓准时机趁火车即将启动的刹那,从后窗户跳下,才幸免于难。特务到陕州后,惊呼上当,回西安交差时谎报关梦觉已在陕州被"活埋"。消息传出,一时间,西安的朋友们为之悲痛不已。

用关老的话说,这次出走比重庆逃难更加危险,真可谓间不容发。原定的路线不能走了,在临潼,关老乘另一次列车到华阴下车,起旱路,过禹门口,经山西转北平。同年7月关老回到东北,经过艰难险阻,又辗转到安东,这才在当时已任安东省主席的刘澜波同志的帮助下,绕道北朝鲜,经延吉到达哈尔滨。抵哈时,已经是10月10日了。关老在近半年的时间里历尽千辛万苦,终于到达了目的地,真比伍子胥过昭关还难。

到哈尔滨后,关老先被任命为东北社会调查所副所长,旋被任命为嫩江省(后改为黑龙江省)教育厅长,直到1950年春。1950年民盟成立东北总支部,关老调沈阳,任秘书长并兼任东北人民政府监察委员。1954年民盟东北总支部随大区撤销而撤销,关老到东北人民大学(现吉林大学)任教授,研究经济学理论,直至1990年去世,整整36个春秋。

作为社会活动家,关老从民盟一届四中全会起便连任民盟中央委员,后任民盟五届中央常委和第五、六届中央副主席。他是东北民盟组织的奠基人之一。他还任吉林省政协常委、副主席,全国政协委员、常委,多年来为党的统一战线工作以及中国民主同盟的发展勤勤恳恳地工作,做出了突出贡献。

作为一位蜚声海内外的学者,关老通今达古,学贯中西,在政治经济学的社会主义部分和世界经济部分的理论发展上都有引人注目的建树。他曾任吉林大学经济管理学院的名誉院长、一级教授、博士生导师,也是国务院学位委员会经济学科评议组的第一批成员。在学科领域,他还担任过中国《资本论》研究会的副会长、顾问,世界经济学会副会长、顾问;全国统战理论研究会常务理事,吉林省社联副主席,省经团联顾问,省经济学会理事长;此外,他还是《中国大百科全书·经济卷》的编委和"政治经济学·资本主义部分"的主编。老人家几十年来勤奋耕耘,曾发表各类论文、文章千篇以上,专著十多种,译作五六部(篇),可谓著作等身。他撰写的《陈云同志的经济思想》一书获吉林省社会科学的特等奖,《价格改革中的三个问题》一文获中宣部、中国社会科学院、中共中央党校联合召开的十一届三中全会十周年理论讨论会的奖励。

在访谈中,我们就学术观点、学术见解及有关盟务工作等方面的一些问题,请教了关老。

问:请您谈谈自己的学术观点。

答:在学术研究上,我始终坚持这样相辅相成的两个基本点。一是坚定不移地坚持马克思主义。我认为这是学术研究的立足点,无论在什么情况下都不能有丝毫的动摇。二是在此基点上必须永远保持求实创新的精神。没有创新就没有学术的发展,马克思主义不就是在创新中不断发展起来的吗?必须解放思想,勇于创新,要敢于坚持自己的观点。但创新必须以马克思主义为指导,以客观实际为基础,不能胡说八道。

问:在治理、整顿、深化改革的形势下,请您谈谈政治经济学方面的主要见解。

答:首先在商品经济方面,我一向主张两点论:既利用其积极的有利于生产力发展的方面,又防止它的消极作用。决不能一窝蜂地搞"商品经济万能论",搞商品、货币、资本的拜物教。马克思说过,有商品经济就有商品拜物教、金钱拜物教。我们社会主义国家必须警惕这个东西,采取必要的措施加以制止。否则,人们就要变成鼠目寸光、唯利是图的"小人",还有什么社会主义的理想和道德之可言?我从1985年起就一直坚持这个观点。

问:请您谈谈对当前盟务工作的意见和要求。

答:好,我讲点意见,请转达给各基层盟组织和盟员同志们。首先,要在盟员中普遍进行一次坚持四项基本原则的教育。各市盟和各基层组织要把学习、教育活动作为组织生活的核心。学习活动必须在基层抓起来,要扎扎实实地抓,要认真而不是敷衍地、自觉而不是被动地进行,力求解决人生观和世界观的问题。建议市盟组织几次有分量、有针对性的报告会。在学习教育中一定要强调民主,坚持"三不"(不抓辫子、不打棍子、不扣帽子）。在盟内要坦诚相见，思想问题不能勉强、压制。要把自我教育和互相教育结合起来。要启发大家学习的自觉性，要认识到四项基本原则不仅是立国之本，而且也是立盟之本、立身之本。

尽管老人家言犹未尽，考虑到关老的身体情况，我们还是按时结束了访问。离开关老家，室外刚好雨过天晴。我呼吸着无比清新凉爽的空气，再一次回首与站在门口的关老告别。心想，大凡名人身上总有一层神秘的光环，可是通过今天的拜访，却使我深深地感到，关老就是一位普普通通的忠厚长者，一个普通的劳动者。

（张釜：吉林省人大常委会委员，吉林省政府参事，原民盟吉林省委副主委，吉林省统战理论研究会常务理事长，高级经济师。）

你活着,因为你的精神永在

关 今

"有的人死了,却永远活着!"这是诗人用瑰丽的语言,构筑起的酣畅淋漓、浪漫无比、事关精神的"物质"化的殿堂。适逢关先生诞辰103周年,作为晚辈,追思之情,激荡胸臆。

关先生与我都是满族人,作为同祖同宗的族人,我们有着共同的文化基因,相同的血脉传承。先生秉承了民族勇敢、智慧、敢于承担、勇于抗争的品质,用勤勉的一生实践着自己的政治追求,用不息的生命谱写了一曲恢弘的壮歌。先生早年投身革命,经历最为艰苦卓绝的血火洗礼,经受了最为痛苦艰难的生死考验。他以自己的智慧和思想,为民族解放、自由民主苦苦求索,为国家富强与振兴负重前行。先生经历他那一代人所需要经历过的一切,先生曾多次遭遇不公。"文革"中,先生举家迁居农村,在破败的茅草屋里,先生留下了"白首何归伤冷漠,丹心永在奋余年"的诗句。

先生与我同为民盟人,作为参政党的成员我们有着共同的精神禀赋,相同的政治追求。先生常说:"不能没有中国共产党的领导。""中国这么大的国家,离开了中国共产党的领导,会分崩离析,苦难重重。"作为民盟优秀的领导人,先生身体力行,时刻坚定地与中国共产党站在一起,时刻将人民的利益放在第一位。每当历史发展进入最为重要和关键的节点,先生都以敏锐的政治目光,洞察世事,明辨是非,凭着知识分子的拳拳之心,发出属于自己的声音。当所有这些成为了历史,成为了丰厚的政治遗产和精神财富,成为教育后来者的教材,我们为能够与先生有着同样的政治身份而感到无比的骄傲与自豪。我们也时时感到,正是这种历史的承继关系,帮助我们站在高高的峰顶看世界,给了我们辽远的目光与宽阔的胸襟。

薪火相传,是精神之火的不灭,是精神力量的不休,是精神境界的不败。

关老,你活着,因为你的精神永在!

(关今:吉林省政协常委,民盟吉林省委副主委。)

深切的怀念

关汝晖 关汝华

2016年是父亲的103年诞辰。他离开我们已经26年了。

我们老家在吉林省怀德县（现属公主岭市）杨大城子村，属于满族家庭。父亲从小家境贫寒，给地主放过羊，直到10岁才在亲戚的资助下上了小学。他勤奋好学不断跳级，1929年他年仅16岁就以优异的成绩考入张学良创办的东北大学经济系。

1931年"九一八"事变爆发，父亲怀着国仇家恨奔赴北平，投身到轰轰烈烈的民族救亡运动中去。1936年他任北平《外交月报》编辑，开始深入研究国际经济问题。"卢沟桥事变"爆发后，父亲和几个朋友一起奔赴上海去参加救亡运动。船行途中，"淞沪抗战"爆发，船行受阻，他们立即从烟台登陆，转赴绥远参加了东北挺进军马占山部抗战。当时物资奇缺，条件极为艰苦，奋战经年，终于失败。

随后父亲等人携带马部电台及一些军用物资，涉过浩瀚沙漠，于1938年年初辗转撤到武汉。抵达武汉后，他立即加入了由周恩来领导、郭沫若主持的政治部第三厅，并担任"东北救亡总会"宣传部副部长和机关刊物《反攻》的副主编。他还参加了由钱俊瑞同志领导的、由当时进步文化人士组成的第五战区文化工作委员会,积极投入到保卫大武汉的斗争中去。在此期间,父亲先后发表了许多揭露日寇暴行及侵略本质的文章。

武汉失守后。父亲随五战区文化委员会撤到襄樊,在襄樊老河口一带继续开展抗日救亡运动。

1962年4月,关梦觉与长子关汝晖在北京合影

离开襄樊以后,他和部分"东北救亡总会"人员撤到重庆,继续担任"东北救亡总会"宣传部副部长、机关刊物《反攻》的副主编及国际杂志《时与潮》的编辑。在此期间,他与于毅夫、阎宝航等同志并肩战斗,结下了深厚友谊。

1941年春,"皖南事变"爆发,国民党在重庆掀起了反共高潮。父亲被列入国民党特务的暗杀名单。CC派头子齐世英动用警察、特务强行查封了时与潮杂志社。当时红岩八路军办事处和叶剑英同志找我父亲谈话,通知他立即转移,并叮嘱他继续为进步事业多做工作。

1943年3月,父亲带着全家来到洛阳,任河南大学副教授,并担任"中国工业合作协会晋豫区经济研究所"所长。在此期间他深入河南农村进行了大量调查研究,了解战时经济及国计民生情况,并撰写了大量调研文章。

1943年1月,因受国民党河南省反动当局的迫害,他又带着全家秘密离开洛阳迁往西安。到达西安后,父亲任陕西省商专教授,并出任国民参政会经济建设策进会西北办事处总干事。1944年开始又兼任《秦风工商日报》联合版主笔。该报因为思想进步,积极宣传抗战,受到广大人群众的拥护,同时也受到国民党反动派的仇视。那时我们家经常被特务监视,父亲有时深夜回家要绕几条胡同,从后门潜回。1946年年初,报馆被查封,印刷厂更遭到手榴弹袭击,父亲接到西安八路军办事处指示离开西安。

1946年5月,全家登上火车之后,父亲机警地发现有特务跟踪。当时正值炎夏,天气很热,车厢内挤得水泄不通,特务们一时挤不进我们所在的车厢,只能远远地监视着我们。父亲十分沉着,临危不惧,就在列车即将开出临潼车站时,突然从车窗跳下火车躲进站台另一侧,随即母亲也带着我们下了车。霎时火车开动了,甩掉了特务,全家安然脱险。事后得知,西安的国民党特务因慑于父亲的声望不敢在西安动手,准备尾随列车到陕州后再对我们全家下毒手。由于父亲的机智果断,敌人的阴谋没有得逞。

离开临潼,父亲带全家取道华阴,乘着马拉的大篷车日夜兼程奔赴山西,沿途盗匪猖獗,险相环生,直至7月才辗转到达北平。

1982年7月,关梦觉夫妇在北京留影

到达北平后,北平军调部叶剑英、徐冰等同志接见了父亲,并告诉父亲东北内战已经爆发,急需干部,勉励父亲到东北去工作。当年10月,父亲乔装成卖钢笔的商人,冒险穿过敌人的封锁线进入解放区。父亲回到东北后,在哈尔滨受到热烈欢迎,不久又辗转至齐齐哈尔,先后任东北行政委员会社会调查所副所长,嫩江省(后改为黑龙江省)教育厅长,民盟东北总支部秘书长兼任东北人民政府监察委员等。在此期间,父亲在公务十分繁忙的情况下,仍坚持撰写了不少经济学研究文章,并翻译了揭露英美垄断资本在战争期间同德日法西斯勾结的《第二次世界大战秘录》《英国经济问题》等书籍文章。

解放战争期间,父亲任嫩江省(后为黑龙江省)教育厅长,经常深入乡镇农村开展调查研究,总结老解放区的办学经验,为建立巩固的东北根据地忘我工作。

东北全境解放后,他负责组建东北民盟总部的工作,经常与高崇民同志(原民盟中央副主席)、车向忱同志、陈先舟同志等通宵达旦地研究工作,处理繁杂的日常事务。

1954年9月,父亲重返学术岗位,就任东北人民大学(现吉林大学)经济系主任、教授,并兼任学校社会科学委员会主任委员。他全身心地投入到马列主义理论研究工作和国家的教育事业中。父亲几十年如一日,为了马克思主义在新中国大地上生根开花,潜心研究马克思主义理论与中国革命的实践,探索适合我国国情的社会主义建设道路。他呕心沥血、坚贞不渝,半个世纪以来,他驰骋在广阔的学术领域里,发表了大量重要的经济科学论著,还为国家培育了大量的经济建设人才,可称得上是桃李满天下。

改革开放以后,父亲担任吉林大学经济管理学院名誉院长,博士生导师,吉林社会科学院副院长,中国世界经济学会副会长,国务院首届学位委员会评审委员,并被选为全国政协常委,吉林省政协副主席,民盟中央副主席。

在父亲生命的最后时期,他和许涤新、陶大镛等同志参加了《政治经济学词典》和《中国大百科全书·经济卷》的编写和定稿工作,出版了新中国第一部马克思主义政治经济学词典。每提起这段日子,常勾起他美好的回忆。当年这些老一辈的经济学家们聚集一堂,焕发出青春的活力,夜以继日地忘我工作,奋斗不已。每逢工作之余,他们漫步在风光秀丽的温泉边,在青翠欲滴的竹林里,继续一起探讨理论问题,勾画着祖国明天美好的蓝图,心情无比惬意。

父亲为人正直、待人诚恳、讲究诚信。他在重庆时期参加了许多进步文化人士举行的各种活动和聚会。一次聚会中,父亲认识了青年才俊陶大镛同志。当时陶大镛同志正在南开经济研究所读研究生。他们一见如故,经常在一起研讨时局及世界反法西斯形势。父亲还经常邀请陶大镛给《时与潮》杂志写稿和翻译国外的重要文章。两人渐成挚友。

当时在国内对马克思主义政治经济学的研究还很少,其经典著作《资本论》也没有中译本。陶大镛同志几经周折从香港购得《资本论》三卷的英译本(原版是德文),视为珍宝、爱不释手。父亲得知后,向他借阅了第一卷,当时保证阅后尽快归还。

可是不久后"皖南事变"爆发,雾都笼罩在一片白色恐怖之中,父亲和陶大镛均各奔他乡。父亲携带着这本书从河南到陕西、从北平到东北,即使在特务跟踪追捕的紧急情况下,均贴身携带、仔细收藏。直到全国解放后的1951年,父亲最终将这本书完璧归还,让陶大镛万分激动。

父亲从小家境贫寒,给地主家放羊,因而养成吃苦耐劳、贫贱不移的坚定品格。他平时对子女的要求也十分严格。我们兄妹几个的衣服,常常是老大穿过给老二穿,衣服上常有许多补丁。解放战争年代,全家实行供给制,我们子女都和警卫战士一起吃大灶。黑龙江省的冬天零下四十多摄氏度,我们才从南方归来衣裳单薄,冻得都受不了。一次趁父亲外出开会,秘书用机关生活补助金给我们每个孩子买了一套秋衣,父亲回来后立即让母亲把钱还上,还批评了秘书。1963年冬父亲带队去公主岭农村进行调查,与当地社员同吃同住同劳动。当时农村十分困苦,主食粗粮都吃不饱,副食是土豆酸白菜汤和咸萝卜,柴草奇缺,土坑烧不热,寒夜难眠。父亲白天调查、开会,晚上还要接待社员,很少休息。

"文化大革命"中,我们全家被下放到吉林省磐石县一个偏僻的山村。屋里四面透风、滴水成冰。父亲白天下地干活,还常常冒着零下三十几摄氏度的严寒上山砍柴,到离家很远的冰冻水井上去挑水。那时,他常对我们说:"这比战争年代条件好多了,我们自己动手、丰衣足食。"

父亲晚年患有严重的肺心病,但每次都是在医生的再三催促下才肯住院就医。平时工作太忙,他只是吃几片药就对付过去了。一次父亲去北京开会,病情突然恶化被迫住进了医院,按他的级别可以住省部级干部病房,但他坚持要住普通病房,病情稍有好转,就急忙出院。他对随行人员说:"国家现在还不富裕,能省就省些吧!"父亲去世时,我们家除了一台电视机以外,没有任何高档的电器和家具。他的一张棕绷床睡了几十年;书房的藤椅磨出好几个洞,母亲便用布头一次又一次地给它打上"补丁"。

父亲从事教育工作五十多年,桃李芬芳。他十分注重为国家培养人才,经他推荐的许多人才现已走上国家重要的工作岗位。但父亲对子女要求却十分严格,他要求我们自己去闯,绝不允许躺在父母身边搞特殊化。

父亲一生博览群书、知识渊博。他十分注意学习,经常手不释卷。我们小时候常听他讲唐诗、宋词。他要求我们不仅要会背诵,还要理解其中的意思。父亲讲解经典古文时言简意赅、深入浅出。古稀之年仍能把经典文章背诵得一字不差。他每次出差都带着许多书,父亲常说智慧在于勤学、知识在于积累。

父亲如今已远离我们而去,但他一身正气、追求真理、百折不挠的精神,深深地烙在子女后人的心中,是我们永久的精神财富。我们一定会终生遵从并世代传承他的教诲,永远向前,告慰他在九泉之下的英灵。

(关汝晖:关梦觉先生长子,南京熊猫集团高级工程师。关汝华:次子,吉林大学数学系教授。)

父亲永远活在我们心中

关彩云

1990年1月26日农历腊月三十的凌晨三时,我们敬爱的父亲和我们永别了。我伏在父亲的额头,悲痛欲绝,肝肠寸断。我简直不相信父亲就这样走了,走得竟这样匆忙。几个小时前,他还在与我们一起交谈,教导并嘱咐我们听党的话,努力工作,为国家实现四化贡献力量,想不到这竟成为父亲与我们最后的诀别。父亲离开了我们,给我们留下的则是无穷无尽的思念。

父亲的一生是对中国共产党无限忠诚的一生,对人民无限热爱的一生。他胸怀坦荡,光明磊落,为人正直,孜孜不倦地追求真理。他严谨治学,奋发向上,直至生命最后一分钟。他高风亮节,永远是我们学习的楷模。

在那战火纷飞、硝烟弥漫的抗日战争年代里,父亲作为中华民族的热血青年,拿起笔做刀枪,为唤醒广大民众在中国共产党领导下团结抗日,大声地呐喊,奋力地疾呼!在北平、武汉、重庆、洛阳、西安等地,父亲积极参加抗日救亡组织,并满怀爱国热情,撰写发表了一系列文章、调查报告和译作,揭露日本军国主义侵华罪行，从经济上剖析日本军国主义的虚弱本质。1945年8月15日，日本帝国主义宣布无条件投降，父亲一夜没有回家，他在秦风工商时报报馆等待日本投降的准确消息，并连夜赶写社论，写好后立即送印刷厂赶印。当天庆祝抗日战争胜利的社论就在报纸上发表了，给西北人民以极大的鼓舞。

关梦觉长女、本文作者关彩云。摄于1979年

父亲不仅是一位倾心革命的理论工作者和社会活动家，而且是一位对传道授业解惑情有独钟的教育家。1941年秋，父亲应河南大学的邀请，兼任河南大学经济系副教授。从那时起，父亲就开始了大学教授的生涯，当时他还不满29岁。由于父亲思想进步，学识渊博，讲课语言生动，善于联系实际，所以他上课时，教室里总是座无虚席，就连窗台上和教室门口也挤满了学生。1946年10月到达东北解放区后，父亲曾担任嫩江省（后为黑龙江省）教育厅厅长。在这期间，父亲到省内考察了许多学校，研究老解放区的办学经验，写出了不少教育方面的论文和调查报告。1954年9月，父亲调到东北人民大学（现在的吉林大学）任教授；此后，先后担任过吉大经济系主任、吉大经济管理学院名誉院长、校学术委员会副主任等职，他还担任过《吉林大学社会科学学报》的主编。

从我记事的时候起，父亲就不分严寒酷暑、没有星期假日地辛勤工作，经常伏案写作、备课到深更半夜。那时候，除了研究

125

马克思主义经济学和国内外经济问题、参加各种社会活动之外，他花费大量精力给本科生和研究生讲授政治经济学、《资本论》和世界经济等课程，同时编辑审定《吉林大学社会科学学报》。学报的全部稿件他都一一过目，并且逐字逐句修改，一丝不苟。他每个月审阅过的稿件约有数十万字，但是除工资外，没拿过一分钱报酬。

父亲勤奋好学、不断追求的刻苦精神，胜于对我们的千百句说教，他以无言的行动感染着我们，激励着我们。在父亲"身教胜于言传"的熏陶下，我们兄妹都以优异成绩考入东北师大附中。

在"文革"中，父亲受到了不公正待遇，然而他始终相信中国共产党，相信人民群众，坚信总有一天历史会对他做出公正的结论。尽管受到了不公正待遇，他始终坚持实事求是的原则，从不诬陷好人。记得那时，有人逼迫父亲揭发某位领导的所谓"三反罪行"，父亲的回答始终是一句话："没有就是没有，你们逼死我，

1987年，关梦觉游览松花江

我也不能乱说。"

1968年11月,当15岁的我要去千里以外的敦化农村插队落户时,父亲正在被关押,不准回家。母亲由于受到父亲牵连,也被办学习班。父亲担心我脆弱,缺乏社会经验,但他又不能为我送行。临行前,我去跟父亲告别。父亲嘱咐我,好好参加劳动锻炼,虚心向农民群众学习;要注意安全,常给家人写信来。

1969年12月,父亲及我们全家随母亲来到磐石县农村插队落户。父亲当时已近花甲之年,农村里像他这个年纪的老人有的不干活,有的干些轻活。可是父亲坚持参加劳动锻炼,和农民群众打成一片。他除了参加学习会和生病外,每天都到生产队劳动。从送粪、种地、铲地到割地,从打场到下水田耨草,他样样活都干。他还坐着牛车帮助生产队去卖香瓜。在农村插队三年多,父亲和当地的农民建立了深厚的感情。那里的农民都说,"老教授没有架子,跟咱们能说到一块儿"。除了白天参加劳动外,他晚间还经常坐在炕头上学习理论,读《资治通鉴》。当时父亲还没有平反,但他对国家的前途充满了信心。他经常吟诵这样两句诗:"老骥伏枥,志在千里;烈士暮年,壮心不已。"他坚信终有一天党会对他做出公正的评价,他也决心用自己的余生报效国家。

父亲一生勤俭,吃苦耐劳,严于律己,宽以待人。他常给我们讲他小时候家境如何贫寒,读书如何不易,教育我们要能吃苦,不要贪图享受。每次生病住院,都是医生说非住院不可时他才勉强同意;而每次病还没有痊愈,他就急着要出院。1989年冬天他去北京开会,病情突然恶化,被迫住进中日友好医院。按他

1988年,母亲去世,父亲悲痛万分。左二为关梦觉长女、本文作者关彩云

的级别,可以住部级高干病房,但他坚持住两人一个房间的普通干部病房。病情尚未完全好转,他便急急忙忙出了院,因为他想到长春还有许多工作在等着他,同时也是为了给国家节省些费用。

父亲对子女一贯要求严格。他常对我们兄弟姐妹说:"你们要自己出去闯天下,不要躺在父母身边图安逸。"我大哥是北京大学物理系六三届毕业生,毕业后在一所军事学院当教官,"文革"中由于受到父亲问题牵连,被复原到南京一家工厂当工人、技术员。父亲落实政策后,大哥想请他帮忙调回东北重新安排工作。父亲说:"你在南方已生活多年,就不要调动了;在基层一样发挥技术专长,不要依靠我。"

1988年冬天,父亲生病住院时,母亲突然不幸故去。母亲与父亲同甘苦、共患难五十余年,母亲的逝世对父亲精神上是一个致命打击。但是父亲仍以国家利益为重,强忍悲痛,在医院里抱病为即将在北京召开的纪念党的十一届三中全会10周年理论研讨会撰写文章。他在文中放声疾呼:一个国家和民族要有自己的精神,我们中华民族的精神支柱就是马列主义,它就是我们的国魂!这篇文章后来被《全国政协报》和《经济纵横》杂志全文转载。

1990年1月初,父亲病情加重,被迫住院治疗。1月23日,他的病还没有痊愈,但为了出席24日吉林省召开的一个会议,他执意离开了医院;1月25日夜里,他的病情突然急转直下;1月26日凌晨,不幸逝世。临终前,父亲一直惦念着工作,惦念着别人,直至生命的最后时刻。

敬爱的父亲就这样匆匆地去了。他的一生是为中国革命奋斗不息的一生,是在教育战线和经济理论战线不倦追求、勇攀高峰的一生。父亲给我们留下了无价的精神财富,他教会我们怎样做一个真正的人。他一辈子追求真理,勤奋向上,一身正气,风骨傲然。他渊博的学识、百折不挠的精神,是我们永远学不完的。父亲永远活在我们心中。

(关彩云:关梦觉先生长女,吉林广播电视大学教师。)

音容常在　思念永存
——怀念我的父亲关梦觉

关　劼

父亲离开我们已经26年了。站在他的墓前,凝望他的铜像,父亲的音容笑貌和许多往事便清晰地浮现在眼前,恍如昨日。他为人正直,待人诚恳,唯真求实,光明磊落;他慈祥和霭,豁达宽容,关爱儿女,善教子孙。父亲与母亲孙敬贞女士风雨同舟五十余载,相亲相爱,忠贞不渝。

父亲一生紧跟共产党,追求真理,对马克思主义始终抱有坚定信仰,对国家和民族始终满怀赤子之情,对改革开放和现代化建设伟大事业始终充满信心。他以一个经济学家的睿智和改造社会的崇高责任感,无论在经济学领域、教育领域,还是在统一战线工作中,都做出了艰辛的努力,取得了杰出的业绩。

虽然父亲离开我们了,但是白山黑水的学子亲人并没有忘记他。2003年,吉林大学经济学院张维达、潘石两位教授以及吉林大学出版社,为他出版了著作选集。2006年,吉林大学1982级同学会为父亲捐建铜像,以表达他们的崇敬与缅怀之情。吉林大学经济学院李俊江院长主持了铜像揭幕仪式,时任吉林省副省长李斌到会为铜像揭幕并发言;原中共中央政治局委员、国务院副总理回良玉,原中共中央书记处书记、全国政协副主席阎明复,中共中央对外联络部部长王家瑞等分别发来贺信和致电表示祝贺。2013年,吉林大学、吉大经济学院以及民盟吉林省委员会联合举办了父亲百年诞辰纪念会暨

关梦觉次女、本文作者关劼

学术思想研讨会。全国政协副主席陈晓光、吉林大学党委书记陈德文、民盟吉林省主委杨安娣以及学生、家属代表发言。到会的500多名故友亲朋汇聚一堂,共同缅怀父亲的光辉一生和学术思想。父亲在九泉之下有知,一定会感到无比欣慰。

东总奋力　后继有人

东北救亡总会(以下简称"东总")是由中国共产党领导的东北流亡同胞组成的抗日救亡团体。东总于1937年6月在北平成立,曾在周恩来同志直接领导下工作,其主要负责人有阎宝航、高崇民、刘澜波、于毅夫,还有陈先舟、王卓然、卢广绩、杜重远等。父亲任东总宣传部副部长,为唤起东北军民团结抗日做了大量工作。东总党组织决定主办《反攻》杂志,父亲作为副主编,撰写了大量文章宣传抗日民族统一战线。在东总,父亲与阎宝

航伯伯交往密切。阎伯伯是由周恩来同志直接领导的重庆地下党组织负责人，他的家成为中共地下秘密联络站，被东总称为"阎家老店"。父亲经常到阎伯伯家去请示抗日救亡宣传工作任务，推心置腹地讨论天下大事，有时秉烛长谈直至东方既白。阎关两家因此结下了深情厚谊，这种关系一直延续至今。阎伯伯的儿子阎明复对我父亲十分尊重，称其为"关叔"。粉碎四人帮之后，阎明复曾任中国大百料出版社副社长、副主编，父亲参加了中国大百科经济卷主编工作，两人再次相见，共叙往事。以后他担任全国政协副主席、中共中央统战部长，父亲是全国政协常委、民盟中央副主席，两人见面的机会更多了，经常在一起讨论统一战线工作。阎明复曾邀请父亲和我到他在文津街的住宅做客，我也因此有幸认识了阎部长。谈及当年重庆"阎家老店"及阎伯父坎坷传奇的一生，我们都感慨万千。知道父亲喜欢吸烟，阎明复经常给父亲送去上好的香烟，但每次送烟他都会关切地嘱咐父亲说："关叔年纪大了，烟要适当少抽些。"父亲常说阎家后继有人，青出于蓝而胜于蓝。

1995年，纪念阎宝航诞辰100周年纪念活动在沈阳举行，东总老一辈革命家的后代们共聚沈阳。参会的有阎明复，以及高崇民之子高春信、于毅夫之女于又燕、陈先舟之子陈亮、王卓然之子王福时、王化一之子王森等。与会者共叙父辈抗日救亡的丰功伟业以及新一辈的兄弟姐妹之情，并决定成立"东北抗日救亡总会后代联谊会"，由阎明复任会长。二十多年来，联谊会开展了一系列活动，阎明复及其他"东总二代"们一直保持着联系，情同手足。大家决心继承父志，让东总精神在新时期发扬光大，世代相传,为社会主义改革开放事业再创辉煌。

"文革"罹难　愈挫愈坚

往事不堪回首,在"文化大革命"中,父亲经历了一生中最大的磨难。1966年,父亲被污蔑为"反动学术权威""叛徒",长期遭受批斗侮辱,他还被迫打扫厕所,当清洁工,身心受到极大摧残。我还记得那年8月的一天,父亲被批斗,回到家里,他情绪极为沮丧,痛苦不堪。我当时只有10岁,不知道发生了什么事情,只是拿着湿毛巾为父亲擦去脸上的墨水,一边擦一边眼泪直流。

1967年7月,父亲关押到吉林工业大学主楼,我和母亲徒步数公里,到吉林工大看望父亲。当父亲从主楼地下室走出时,脸色苍白,双眼凹陷,步履蹒跚,身体虚弱不堪,好像一下子老了许多。看到这一景象,我和妈妈都心痛极了,更为父亲的命运感到担忧。父亲说,他们已经两天没有吃东西了。我和母亲立即将从家中带来的咸鸭蛋和饼干送到他的面前。临别时,望着父亲憔悴的身影,我和母亲泪流满面,心中充满了生离死别的感觉。

1969年下半年,父亲主动提出全家随母亲单位吉林省教育学院下放农村。当年12月,我们从长春来到吉林省磐石县宝山公社西大沟大队"插队落户"。西大沟位处十分贫穷落后的边远山区,交通十分不便。父母和我们姐妹俩住在两间破土坯房里,屋子四面漏风,纸糊的窗户到处是缝隙和窟窿。严冬时气温降到零下30摄氏度左右,寒风凛冽,滴水成冰,屋里尽管烧了土炕,仍然感到冷气逼人。家里的饮用水要到一公里以外的井中去汲取,父亲当时已经56岁,但依然坚持从远处往家里挑水。看到他担水时气喘吁吁、汗流满面的样子,我和姐姐都非常心疼,于是只要放学在家,我俩便抢着去抬水,以给父亲"减负"。为了全家生存下去,父亲还经常带着姐姐和我上山砍柴、挑水、种菜、养鸡养鸭。父亲和当地农民关系十分融洽,白天和他们一起下地干农活,晚上在农家炕头上给他们读报,讲解时政大事。在下放农村的艰苦日子里,父亲给我上了一堂重要的人生启蒙课;从父亲的言行中,我开始读懂了什么叫胸怀天下、坚韧不拔、百折不悔、乐观豁达。父亲的身教,为我后来的学习、工作和生活提供了一个不断追寻的坐标。

1973年3月,我们全家返回吉林大学,父亲因当时没有被平反而不能讲课,只能翻译一些资料;他撰写的文章和书籍不能使用自己的名字,只能署别人的名字或"集体编写"。然而,父亲对此却毫不计较,依然笔耕不辍。1977年以后,父亲恢复了经济系主任职务,当年批斗他的造反派已是中年教师,父亲不计前嫌,对他们在晋升职称和使用上仍旧一视同仁。粉碎"四人帮"后,父亲欣喜万分,不顾十年浩劫对他身心的摧残,全力投入到四个现代化建设和改革开放的洪流之中,在学术研究和教书育人的岗位上再次焕发了活力青春。他挥笔写下诗句:

白首何归伤冷漠,丹心永在奋余年。
赖以铁帚清妖物,喜逐征程共着鞭。

相濡以沫　生死不弃

　　我母亲孙静贞是吉林公主岭范家屯人，1935年毕业于天津女子师范大学，与父亲是同乡。外祖父孙季贤是当地爱国进步乡绅，是爱国志士杜重远的表叔，并担任过杜重远的秘书。他曾在张学良沈阳陶业公司任职，还担任过北戴河市副市长。1936年父母在北平结婚，此后母亲跟随父亲辗转武汉、河南等地。母亲是一个贤淑善良的大家闺秀，更是父亲的贴心知己和贤内助。"七七"事变后，抗战全面爆发，父亲单身前往重庆继续从事抗日工作。1940年，母亲带着3岁的大哥关汝晖去重庆与父亲团聚。他们娘儿俩从天津到上海，途径中国香港、越南，再走滇越路到云南，辗转半年之久，踏遍万里之途，历经颠沛流离，吃尽千辛万苦，最终与父亲在重庆团聚。

关梦觉夫人孙静贞于1956年

　　在重庆期间，母亲不仅操持全部家务和教育儿女，而且还用她一手漂亮的小楷为父亲抄写文稿，收集资料。她还在家中热情接待东北流亡的抗日志士，为父亲的抗日统战工作倾注了大量心血。1941年"皖南事变"后，重庆掀起反共高潮，父亲主办的抗日进步刊物《时与潮》被查封，父亲也上了国民党特务的刺杀黑名单。在接到重庆八路军办事处的通知后,父母立即撤离转移到西安。1944年冬,父亲在西安《秦风工商日报》任主笔,该报是西北国统区内唯一一份进步报纸,被国民党视为眼中钉、肉中刺。国民党特务向报社投掷燃烧弹,父母处境极其危险,连夜乘车离开西安,奔赴东北解放区。

在"文革"中父亲受冲击被批判,母亲在单位也受到牵连,被隔离审查。造反派要她揭发批判父亲,母亲义正词严地答道:"我了解关梦觉,他跟共产党一辈子出生入死,他是共产党的朋友。"在那"黄钟毁弃、瓦鼓齐鸣"的日子里,母亲始终坚定地站在父亲身边,支持他、理解他、抚慰他,给父亲以最大的精神力量和至爱亲情。

母亲对父亲一辈子都是呵护倍至,悉心照料。三年自然灾害时期,父亲患上肺结核,加上当时营养不良,身体状况每况愈下。母亲看在眼里,痛在心里,于是便经常在深夜煮上一杯热牛奶或咖啡,端送到仍在坚持工作的父亲面前,并陪伴在父亲身边

1974年,孙静贞女士与次女、本文作者关劼合影

直至他上床歇息。父亲虽是个大学者和教育家，可是由于长期受到母亲无微不至的照顾，自我生活能力很差，不会做任何家务事。1972年母亲不慎手腕骨骨折，住进海龙县一个私人诊所治疗。父亲不会做饭，子女又不在身边，他只好每天把大米和鸡蛋煮在一起作为一日三餐。父亲几十年广交朋友，热情好客，我们家经常宾客如云，亲朋好友不断。母亲负责迎来送往，端茶送水。遇到好友故交，父亲就说："静贞炒几个菜，让我们喝一杯。"母亲便亲自下厨房炒上几个菜，大家其乐融融。父亲最爱吃的是母亲做的红烧肉、酸菜白肉和葱油饼，这几样菜都成了我们家待客的"保留节目"。

父母五十余载夫唱妇随，相亲相爱，风雨同舟，患难与共，生死相依，不弃不离。1988年12月，母亲不幸因结肠癌去逝，父亲悲痛欲绝，老泪纵横，犹如天塌一般。此后的一年里，父亲经常精神恍惚，身体愈加羸弱，不久便因慢阻肺和肺内感染呼吸衰竭离开了我们，前往天堂与母亲重聚去了。

慈爱严教　父女情深

我是家里最小的女儿，又是父亲的中年得女，因而被他视为掌上明珠。记得小时候，我们家住在长春市镇江路7号，在吉林大学外语楼北侧一处幽静的日式小楼里，据说这所建筑是满洲国时期日本一个少将的宅邸。宽大的院落里布满了果树，有丁香、杏树、梨树、山里红树和李子树。一到春天，绿树成荫，鲜花盛开，香飘满院。父亲是吉林大学经济系创始人、系主任，工作十分繁忙。他经常在家里召开会议,研究工作,经常来的客人有经济系党总支书黎宝祥、副书记王乃恒,还有在解放战争时期就跟随父亲的警卫员李全本叔叔,以及靳宝兰、詹连富、白承启等老师。他的学生、研究生也常来家里上课,讨论论文。父亲的客厅兼当办公室和书房,宽大明亮,摆满了文、史、哲、经济等各类书籍,琳琅满目。父亲博览全书,知识渊博,厚古通今,他最喜欢的书有二十四史、四部备要、资治通鉴等。他的书桌上有堆积如山的稿件文章、研究生论文。他日夜忙碌,很少有星期天和休息时间,常常工作到深夜。

父亲既是世人尊师,又是一位慈祥可爱的好父亲。我记得,小时候他经常牵着我的手在院子里散步,有时还摘下一枝杏花给我;有时下班回来,父亲会给我带来一支冰棍或糖葫芦,给我一个惊喜,让我十分开心。父亲在百忙之中还检查我的作业,就连小学算术题他都很认真地先演算,然后核对我的答案。有一次我的算术题做错了,他在耐心地讲解后说道:"算术是基础,就像盖房子,地基不结实,房子就会倒塌。"这一席话,我至今记忆犹新。每到期末父亲都要看我的考试成绩单,有时还亲自到学校参加家长会,认真了解我的学习情况。在父亲的严格教育下,我们兄弟姐妹学习成绩在学校里都名列前茅。

"文革"全家下放农村期间,尽管生活艰苦,父亲一刻也没有放松对我们的教育。他经常在炕头上,在昏暗的煤油灯前,为我和姐姐讲解《唐诗三百首》和《宋词》,并要求我们背诵其中的一些名篇;他还常给我们讲《资治通鉴》中的一些小故事。下放期间我只有十五六岁,在离家25里以外的公社中学住校读书,每周

1985年，关梦觉与女儿关劼、外孙女萌萌合影

都要先乘公共汽车、再步行十多里路回家过周末。每周六晚间和周一早晨，父亲都要接送我到公共汽车站。有时候赶不上汽车，父亲就找马车送我去学校，他一路陪伴。磐石县在吉林山区，森林茂密，人烟稀少，还有狼等野兽出没。记的一年冬天的周末傍晚，山林中大雪没膝盖深，父亲拿着一把镰刀当"自卫武器"，带着姐姐，冒着漫天风雪，去我放学的路上接我。当我在昏暗的夜幕中看见父亲坚强熟悉的身影时，不禁一股暖流涌上心头，眼里感到湿漉漉的。霎那间，我觉得父亲是天下最伟大的父亲，我是天下最幸福的女儿！

难忘1990年1月26日，那个无比寒冷、漆黑的夜晚，父亲的心脏骤然停止了跳动。一颗经济学界、教育界的巨星陨落，一位慈父永远告别了他深爱着的孩子们。父亲走得那样突然匆忙，令人心碎。我伏在他的身旁痛不欲生，泪如泉涌。父亲那清癯苍白的脸上,记录着半个多世纪的风风雨雨,饱含着历史沧桑。他为党和人民的事业呕心沥血,生命不息,奋斗不止。"春风千载梅花共,说到梅花定说君。"父亲的高尚品格和业绩将如清风百世传扬,似梅花万里飘香;父亲的慈祥至爱,将在子孙后代的血脉里不断流淌。

父亲,女儿永远想您、爱您,您将在我们心里永驻、永生、永恒!

(关劼:关梦觉先生次女,中日友好医院教授,主任医师。)

怀念我的爷爷关梦觉

关 倩

黄昏疏雨,又到一年清明时。

我的父亲是家中的长子,我们在南京住,离爷爷很远。我记得当时坐火车回长春需要两天一夜,或者两夜一天的时间,一路听报站,德州、秦皇岛、山海关……直至今日一听到这些地名,总引起我对火车上漫长时光的回忆,觉得既熟悉又亲切。

爱书。爷爷平时很挂念远在南京的儿孙们,只要有机会他就来看我们,在我们家小住几日。他在晚饭后和我们坐在一起聊天,了解我们的生活情况。平时在外地出差的时候,爷爷也忘不了我和哥哥这对小孩子,他觉得关心我们的最好方式就是寄书给我们。在开会的闲暇,他都会去逛书店,只要是他看到好的童书、古诗卡片,他都会买回来邮寄给我们。小时候,家里的童书永远看不完,大部分是爷爷寄来的。久而久之,我和哥哥养成了爱读书的好习惯,每拿到新书就使劲地嗅嗅新书的味道,仿佛拿到这世上最珍贵的宝贝。每次爷爷来南京临走时问我们需要什么礼物,我们都会让他带我们去新华书店,每次爷爷都让我们

1987年,关梦觉夫妇与孙女、本文作者关倩在长白山留影

自己在书店里任意挑选自己喜欢的书,这一时刻真感觉是一次顶级奢侈的购物体验,让人身心愉快。

爷爷在南京有两位最要好的老朋友。这是两位从战争年代到和平年代都与他患难与共的好伙伴,在他看来,亦师亦友。他们中的一位是当时江苏省政协主席陈敏之爷爷,另一位是当时南京大学校长匡亚明爷爷。每次到南京来,爷爷都会去造访这两位朋友,有时会连着去好几天;造访的时间或长或短,但每次都会带我一起去。记得匡亚明爷爷当时住在高云岭的一处小院子里,家里有一条高大威猛的狗,不过狗狗对客人挺友善,每次去,我都要在院子里和狗狗一起奔跑追逐一阵子,爷爷这时就会把我喊过来,"进来进来,别像个疯丫头"。爷爷让我坐在屋里的沙发上静静地听他和老友谈心。当时在80年代后期,记得匡爷爷正在写一本关于孔子的专著,他和爷爷在聊写书的事情,还拿出一长幅孔子的手画像与爷爷共同欣赏。现在想起来,品茶、品书、论诗,这真是人世间最静最妙的事。

爱钻研。我喜欢长春,夏天柔柔的风,所以基本上每年暑假我都去爷爷家。我们住在靠近吉林大学的永昌胡同,胡同很宽敞,两边各有一排绿荫荫的大树。夏天,我和隔壁邻居的孩子一起打羽毛球,球飞过来飞过去,在仰头去接球的时候,满眼里都是蓝天白云、阳光绿树,再加上拂面的柔风,真是心旷神怡!爷爷很少出门,他在家吃完晚饭,就一定要看新闻联播。除此之外的时间,他都在自己的书房里看书、写作,我觉得那间书房就是他的全部的小宇宙。

爷爷的书房里有三面墙的书柜,连书房边上的过道里都堆满了写着"四部备要"烫金字的木书柜。我记得那书柜是黑色的,像是由两个正方形的书箱子上下排列组成,每个书柜的上端都带锁,一个挨着一个,齐匝匝地放了一长排,总觉得有一抹神秘的色彩。爷爷去世以后,父辈开会决定把爷爷的藏书全部捐赠给他一生挚爱的吉林大学,吉林大学专门成立了关梦觉藏书室,以惠泽后来的年轻学人。

小时候,我有些想不通,觉得爷爷对我那么慈爱,为什么人明明在家却不从书房出来陪我玩。于是,我有一次恶作剧地拿了个大篮球,在他书房门口使劲拍,"砰砰砰"地响,希望引起他的注意。果然不一会儿,爷爷就出来把我赶走了,我也再不敢试了。还有一次我溜进他的书房,想看看他在书房里忙些什么,就记得书桌上堆得满满几层的写满字的方格稿纸;还有他的笔记本上,也记着密密麻麻的字。后来听爸爸说,即使在"文革"受到冲击下放农村劳动的时候,爷爷也没忘记坚持读书和写作。爷爷的身体力行，成了我们一辈子学习的榜样。爱书、爱学习，我觉得就是我们关家后人血液中自然流淌的基因，不需要带有任何功利心，因为我们从不觉得读书和学习是一种人生的负担，读书和学习是快乐的源泉，让我们的人生充满力量。

关梦觉在家中书房工作（1982年摄）

爱学生。爷爷是我国最早的一批博士生导师，他的学生很多，称之桃李满天下正是恰如其分。我在长春的日子，经常见到学生们三三两两地来找爷爷。每次学生来，爷爷都很开心，只要我们一喊"爷爷，你学生来啦"，他就会立刻从书房里出来，把学生们邀进自己的小客房，同时吩咐我们赶紧倒茶、切水果，我就负责端水果。爷爷和学生们坐在一起，促膝谈心，气氛即轻松又热闹，笑声不断。每次我都想凑在旁边多听一会儿，听他们聊课题、聊学业，尽管当时还不太听得懂。爷爷对自己的学生总像父亲对孩子那样的慈爱，他的眼神里总是充满了关心。

爷爷的学生们到现在也都六旬左右了,分布在大江南北。时至今日见到这些叔叔阿姨辈,还能听到他们说起过去和爷爷在一起的事情。记得有位叔叔说,当年爷爷带他外出调研,当地农村的伙食不好,平时很少吃肉,爷爷就把自己饭盒里的鸡蛋拨出来给他吃,还告诉他学生正在长身体,要吃好些。我记得他在述说这段往事时,眼中充满了泪光。

爷爷虽然在学术上有很高的成就,但他对待身边的人永远那么亲和温暖,全然没有半点领导和学术权威的架子。我记得在爷爷去世的那个冬天,当时已经放寒假了,但很多留校的学生听到爷爷去世的消息,都自发来到追悼会的现场,为他们心中爱戴的关教授送行。东北的冬天天气极度寒冷,但大家都佩戴着白花,表情肃穆地在寒风中排着长队,为他们心中尊敬的长者送上最后一程。

如今与爷爷一别已二十余年,回忆往昔,仍是泪水涟涟。我们爱您——敬爱的爷爷,一刻也不曾忘怀。亲人的慈爱与温暖让我们一生难忘,长辈的言行和精神激励我们在人生的长河中逆水扬帆,奋勇前行。

(关倩:关梦觉先生孙女,江苏省最高人民法院法官,法学博士。)

关梦觉先生主要论著

关梦觉.1938.中国农村经济的新动向.反攻.

关梦觉.1939.日寇榨取东北经济的新阶段.反攻.

关梦觉.1956.关于高级农业生产合作社的生产力和生产关系问题.新建设.

关梦觉.1956.毛泽东主席在农业合作化问题上对马克思列宁主义政治经济学的创造性贡献.新知识出版社.

关梦觉.1957.历史唯物主义原理与我国高级农业生产合作社的现实.经济研究.

关梦觉.1957.论先进的社会主义生产关系和落后的社会生产力之间的矛盾.新建设.

关梦觉.1957.论我国现阶段的生产力与生产关系问题.吉林人民出版社.

关梦觉.1957.第二次世界大战后的资本主义经济危机问题.辽宁人民出版社.

关梦觉.1958.中国原始资本积累问题初步探索.上海人民出版社.

关梦觉.1959.关于当前商品生产和价值规律的若干问题.经济研究.

关梦觉.1960.关于社会主义制度下的商品生产和价值规律问题.吉林人民出版社.

关梦觉.1961.国家垄断资本主义与美国经济危机(上、下).经济研究.

关梦觉.1961.国家垄断资本主义与美国经济危机.辽宁人民出版社.

关梦觉.1962.关于《资本论》的从抽象上升到具体的方法.吉林大学人文社会科学学报.

关梦觉.1963.关于社会主义扩大再生产的几个问题.吉林人民出版社.

关梦觉.1975.美国跨国公司.吉林人民出版社.

关梦觉.1978.实践是检验经济理论和经济政策的唯一标准.吉林日报.

关梦觉.1980.关于社会主义扩大再生产的几个问题(修订版).吉林人民出版社.

关梦觉.1982.帝国主义的新痼疾——"停滞膨胀".红旗.

关梦觉.1982.政治经济学疑难问题探讨.吉林人民出版社.

关梦觉.1984.陈云同志的经济思想.知识出版社.

关梦觉.1984.经济体制改革理论探讨.光明日报出版社.

关梦觉.1986.论社会总需求和总供给的平衡问题.群言.

关梦觉.1988.社会主义政治经济学研究(与张维达,高群合著). 上海人民出版社.

关梦觉. 1989. 社会主义经济体制比较通论(与张维达合著). 辽宁人民出版社.

关梦觉. 2003. 关梦觉选集. 吉林大学出版社.

关梦觉先生诗七首

北戴河
1982 年

夜色苍茫看海潮,红霞捧日出烟涛。
姜女泪容人未老,祖龙难过咸阳桥。

厨师颂
——品尝吉林省名厨师佳肴

华夏嘉肴世无双,吉林风味更添香。
文君沽酒传佳话,哺育生民业绩长。

怀杜斌丞[①]

1982年6月30日去西安旅途中

秋水襟怀松柏操,长思国土泪涟涟。
当年教诲言犹在,永逐征程共着鞭。

悼王任烈士[②]

1982年6月29日

华岳凄凄渭水寒,玉祥门外痛当年。
舍生取义英雄志,化作秦风万代传。

南岛纪行两首

夜宿鹿回头宾馆

北国冰封玉雪飘,南溟春色正娇娆。
椰林沧海回头路,疑是蟾宫下九霄。

---

① 杜斌丞是西北著名爱国民主人士,于1947年在西安就义。
② 王任是西安进步律师,1946年因为《秦风工商日报》辩护,被国民党特务杀害。

天涯海角

海角天涯万里游,烟涛八阵屹瀛洲。①
当年肠断思乡处,红槿花中尽解愁。②

丹心永在奋余年

写于1976年粉碎"四人帮"之际

白首何归伤冷漠,丹心永在奋余年。
赖以铁帚清妖物,喜逐征程共着鞭。

---

① 天涯海角,海边石阵屹立,疑是诸葛亮悼八阵图。
② 海南为唐宋流放大臣处。唐代宰相李德裕在贬海南途中有句:"不堪肠断思乡处,红槿花中越鸟啼。"红槿即木棉,越鸟指鹧鸪,二者象征海南风光。今反其意而咏之。

悼梦觉弟

关守身

惊悉胞弟不幸逝世,万分悲痛,特作诗一首,以表哀思。

嗟予寡兄弟,四海一梦觉。
少年即苦学,耽心于马列。
救国学经济,著论思补阙。
忠悃志未终,与世竟永诀。
惶惑致哀思,临风几呜咽。

(关守身:关梦觉先生之兄,原长春市教育局副局长。)

怀父诗二首

关汝晖

常使儿女忆灯前

一别音容近卅年,墓园北望泪阑干。
戎马烽烟家何顾,笔走龙蛇志如山。
学海奋舟无日夜,乌云翻墨有青天。
松柏高风豪气在,常使儿女忆灯前。

松柏比高风

胸怀报国志,投笔赴军戎。
绥宁抗强虏,江汉守孤城。①

---

① 卢沟桥事变后,父亲在绥远、宁夏等地抗击日寇,后又参加了保卫大武汉战斗。

秦陕奔救亡,渝州论《反攻》。①

笔走山河泣,文成鬼蜮惊。

烟消狂寇灭,神州遍彩虹。

丹心育桃李,经纶著纵横。

矢志捍马列,傲骨立寒松。

秋水喻襟怀,松柏比高风。

身去神犹在,凄凄儿女情。

(关汝晖:关梦觉先生长子,南京熊猫集团高级工程师。)

---

① 指父亲在重庆任东北抗日救亡总会宣传部副部长并主编刊物《反攻》,宣传抗日救亡。

笑看人生天地宽
——怀念父亲关梦觉

关 劼

关山万里念慈颜,别梦惊觉泪潸然。
往事多舛斥风雨,沉浮几度笑暑寒。
面壁求索图破壁,学海奋进勇扬帆。
沥血呕心携后人,浇得桃李硕满园。
归来家中人已去,不尽思情涌如泉。
小女尽孝心未了,阴阳两隔肝肠断。
孤灯不明思欲绝,卷帘望月空长叹。
砥砺精卫填海志,笑看人生天地宽。
莫道前程多岐路,春晖已染万重山。

(关劼:关梦觉先生之女,中日友好医院教授,主任医师。)

醇酒滔滔沸三江
——悼念关梦觉老先生

刘 江

一

烈风彤云轧肃霜,填雷冥雨浸寒江。
北雁声稀鸣悸怵,南鸟血多染大荒。
梦里先师容颜暖,觉来后生手足凉。
仙阁又添翰墨客,人间几多泪湿裳!

二

美人徜徉兮瑶台生光,
瘝瘝思服兮仙路阻长。
驾白山之云雾兮,
寻先师而弗得;

踏黑水之沧浪兮,
觅贤知而杳茫……
尔表独立兮山之上,
被菌桂与杜芳,
挟飞仙以遨游,
饮玉露及琼浆;
会马翁于琼宇,
论"资本"而酣畅;
穷政经之道以万通,
怀天下之志而气昂……
关山入梦兮,
冰河铁马,笔砺刀枪;
为民先觉兮,
剖肝泣血,追真求创。
纵九死而不悔,
护正道而旗扬!
尔浩气兮之长存,
昭日月以重光。
魂归来兮,魂兮归来!
一腔热泪化冻土,
酹酒滔滔沸三江!

(刘江:关梦觉先生女婿,媒体人,高级编辑。)

英雄后继应有人
——怀念关梦觉先生

郑彪

宗师英名垂千古,遗像巍然肃清高,
一生致力中国梦,不避斧钺不辞劳。
适逢改开风云聚,耄年犹将大笔抡,
巨眼雄文何堪拟,英雄后继应有人。
关山难阻恩师情,几回梦里觉别离,
卅年一觉西风梦,梦醒倍感师英明。

(郑彪:知名学者,研究员、经济学博士。1984—1989年师从关梦觉先生攻读博士学位。)

哭关老梦觉同志

王正绪

星落中天噩讯来,白山松水布阴霾。
哲人仙逝余心痛,关老公告众志怀。
议政威能驱腐恶,主盟力可筑瑶台。
飘零草木悲伤日,哭恨苍天不怜才。

(王正绪:原民盟吉林省委副主委,原全国政协委员。)

道德文章留世间

乔传珏

噩耗传来泪不干,建盟东北赖先贤。
白山黑水埋忠骨,道德文章留世间。

(乔传珏:原民盟辽宁省委副主委,原全国政协委员。)

伟绩在人间
——痛悼关梦觉主委

佟咸亨

调寄《浪淘沙》

从教五十年,桃李争妍,经纶多卷谱新篇。
满目风波安若定,呕血沥肝。
悲痛逝英贤,热泪涟涟。为人师表匾高悬。
称颂伟绩在人间,心志犹丹。

调寄《雨霖铃》

年前一谒,竟成永别,哀思难歇。
纵观《东北盟史》,
悠悠往事,依然在目。
泪眼再看皓首,已无语凝噎。

念万里波涛汹涌,为盟辛劳尽心血。
多情自古伤离别,更哪堪暮霭照残雪!
前途光芒闪烁,忆往昔,融融其乐。
驾鹤远游,余泽犹在,奋发工作。
便纵有松水长流,望断白山阔。

(佟咸亨:原民盟吉林省委常委、组织部长。)

悼关老

蒋端方

无端大地起风云,噩耗传来哭哲人。
道德文章当不朽,音容笑貌愿长存。
疾风横扫知劲草,马列高擎仰大名。
振兴中华拥护党,千百盟员步后尘。

(蒋端芳:原民盟吉林省委常委、宣传部长。)

吾侪奋蹄加鞭行

李树科

噩耗传来泪如霖,痛失良师引路人。
奔波半纪为盟壮,正气一身与党亲。
"多党合作"音萦耳①,"政治协商"文动心②。
大业方兴君先去,吾侪奋蹄加鞭行。

(李树科:原民盟长春市绿园区委主委。)

---

① 指关老在省盟八届五次(扩大)会议上的讲话。
② 指关老在《人民政协报》和《群言》上发表的文章。

编后记

参加父亲百年诞辰纪念活动之后,内心萌生一个念头:为父亲出版一本纪念文集,回顾、纪念和缅怀他老人家一生的丰伟业绩,让他的精神和学术遗产世代相传,激励后人。恰逢民盟中央群言出版社近年来推出"民盟历史文献"系列丛书并决定将父亲的纪念文集列入其中,这真是心有灵犀,不谋而合。今年9月16日是吉林大学建校70周年,谨以此书献给父亲一生挚爱的吉林大学70华诞,父亲在天之灵有知,一定会感到无比欣慰。

在征集组织文集出版过程中,得到了父亲生前友好、诸多前辈朋友,以及他的学生和我的兄长们的鼎力支持。阎明复部长抱病为本书题字;90岁高龄的卫兴华教授冒着酷暑为本书撰写序言;陈德华教授、靳宝兰教授、潘石教授带病撰写文章;李俊江教授多年来为父亲铜像落成、百年诞辰纪念活动、文集出版等不辞辛劳;宛樵教授、谢地教授、郑彪教授在百忙之中认真撰写长篇文章。这些领导和教授们以及本文集的其他撰写者对父亲的情谊溢于言表,感人至深。在此,我谨代表关家所有亲属,向他们表示最衷心的感谢并致以最诚挚的敬意。

我还要感谢民盟中央、群言出版社有关领导和同志为本书出版所做的大量工作;感谢民盟吉林省省委各位领导的大力支持;感谢我的爱人、本书特约编辑刘江先生为本书编辑出版付出的辛勤劳动。

在编辑整理纪念文章中,我千百次地被父亲忧国忧民、爱国爱党、坚韧不拔、追求真理的一生所感动,被他的思想魅力和人格魅力所震撼,从而加深了对父亲以及他们那一辈爱国学人的了解、理解和景仰。父亲是我们晚辈子孙永远学习的楷模和取之不尽的精神财富,不断激励我们在人生道路上奋勇前行。

关劼

2016 年 5 月 15 日

跋

在《民盟历史文献》丛书付梓之际,掩卷回首,民盟先贤们的音容笑貌挥之不去,不绝如缕,久久难忘。在编辑此丛书的过程中,我们每每被他们为信仰、为理想奋斗的坚定精神所感召和感动。

人不能没有理想和信仰,一个民族也不能没有自己的理想和信仰。我们的先辈们,正是怀揣民族富强、人民福祉的赤诚之心,身先士卒、鞠躬尽瘁;凭借自身高尚的人文品格和社会良知,与中国共产党团结合作,为中国社会的前途和命运探索了一条新的宪政之路;和平、民主是人类社会的两大主题,也是中国共产党人和各民主党派所共同追求的理想。

如今,面对着他们的拳拳之心和丰功伟绩,我们感叹!赞叹!怀念!更要继承!

《民盟历史文献》在整个创作和出版过程中,得到了来自社会各界人士的关注和厚爱。我们要特别感谢为此丛书孜孜不倦地考证、核实、梳理、完善的各位专家、学者,是他们的认真严谨,才使此丛书能够客观地展现历史的真貌;更要特别感谢中共中央统战部与民盟中央给予我们的鼎力支持和重视,没有他们的指导和帮助,我们不可能完成如此厚重的出版工作任务;还要感谢各省、市、地区的民盟组织,为搜集、挖掘、抢救民盟的历史文献资料做出的不懈努力和贡献;感谢每一本书的作者,是他们的辛勤笔耕和一点一滴的忠实记录,才集成了民盟历史的全貌;感谢为此丛书付出辛劳的编辑以及所有工作人员,感谢你们辛勤的劳动和无私的奉献。

谨以此丛书献给所有伟大的民主革命先驱者;献给为共和国诞生抛洒了智慧和热血的先贤们;献给那一段筚路蓝缕、以启山林的峥嵘岁月。

《民盟历史文献》编委会